金牌销售心理学

像特种兵一样战斗

THE PSYCHOLOGY OF GOLD MEDAL SALES

徐鹏举◎著

中国宇航出版社
·北京·

图书在版编目（CIP）数据

金牌销售心理学／徐鹏举著. -- 北京：中国宇航出版社，2017.1（2018.6 重印）

ISBN 978-7-5159-1233-2

Ⅰ.①金… Ⅱ.①徐… Ⅲ.①销售-商业心理学 Ⅳ.①F713.55

中国版本图书馆 CIP 数据核字（2016）第 290799 号

特别策划　肖胜萍　王　景

责任编辑　吴媛媛　　　**装帧设计**　久品轩

出　版
发　行　中国宇航出版社

社　址　北京市阜成路 8 号　　　邮　编　100830
　　　　(010)60286808　　　　　(010)68768548

网　址　www.caphbook.com

经　销　新华书店

发行部　(010)60286888　　　　　(010)68371900
　　　　(010)60286887　　　　　(010)60286804(传真)

零售店　读者服务部
　　　　(010)68371105

承　印　三河市君旺印务有限公司

版　次　2017 年 1 月第 1 版　　　2018 年 6 月第 3 次印刷

规　格　710×1000　　　　　　　开　本　1/16

印　张　12.75　　　　　　　　　字　数　161 千字

书　号　ISBN 978-7-5159-1233-2

定　价　36.00 元

本书如有印装质量问题，可与发行部联系调换

自序

销售是一份高收入伴随高压力的工作，不具备良好的心态，很难在这个行业立足，甚至可以说心态在某种程度上决定了销售业绩。不要将此视为危言耸听，很多实例已经证明了这一点。

信息透明化、产品同质化对销售人员的工作构成了巨大的挑战，商品的综合实力旗鼓相当、胜负难分的情况下，心态的重要性就突显出来。

根据多年的工作经验和行业观察，我发现金牌销售员们80%的成功都源于他们的阳光心态。他们总是能够在销售过程中随时调整自己的心态，精神饱满、信心十足地跟客户交流和谈判。良好的心态赋予他们强大的气场和能量，帮助他们掌控局势。

好多人一提到销售，总以为销售技巧是制胜的法宝，甚至有人把它当成销售的唯一秘籍，并为此投入了大量的时间和精力。不可否认，销售技巧对提升业绩确实很重要，但若没有良好的销售心态支撑，一切销售技巧或许都会成为无源之水。一味追求技巧而忽略心态，这是一种舍本逐末的做法——治标不治本。因此，要想把自己打造成金牌销售员，必须具备良好的销售心态。

销售心态作为销售人员的职业素养是可以培养和锻炼的，金牌销售员也不是天生就具备良好的销售心态，也都是在实践中磨炼出来的。我有12年的从军经历，还有10余年的销售实战经验和销售培训经验，可以说对特种兵和销售人员的内心世界有精准而贴切的感受和把握。在本书中，我整理分析了特种兵和销售人员这两种身份共通的心理特征，希望大家能从中得到一些启发。针对在销售中遇到的问题，我在本书中提出了七种销售心态，列举了翔实的案例和实用技巧，希望大家不仅能够从中悟出一点儿道理，而且能学会一些行之有效的方法。

如果你正奋战在销售一线，正深陷于心中的各种困惑，本书可以帮你答疑解惑，给你一些实实在在的指导，帮你树立强大的销售心态，从而取得亮眼的销售业绩。如果你正带领一支销售团队，困扰于团队伙伴的各种心态问题，本书能够带你走出迷途，打造一支战无不胜的销售团队。

金牌销售员并没有什么特异功能，他们只不过有强大的内心，不怕跌倒，不怕被拒绝，不怕别人比自己强，不怕客户的高傲和冷漠，所以他们总是能够比别人多尝试一次，多坚持一次，多爬起一次。只要自己不言败，就没有人可以将你打倒。

目录

第1章

心态至上：销售就是与自己的战斗

销售人员都想在激烈的行业竞争中取胜，出人头地。而要想取得这种成功，必须每天持续地战斗，燃烧自己的激情。

不可否认的是，在一场场战斗中，许多人并没有取得渴望的成功，甚至屡战屡败。究其原因，很可能是他们搞错了斗争的对象。有时候，销售并不是跟天斗，也不是跟人斗，而是跟自己斗，跟自己内心深处那个最强大的敌人斗。

《法句经·述千品》中说："千千为敌，一夫胜之；未若自胜，为战中上。"老子的《道德经》中也有记载："胜人者有力，自胜者强。"从这个角度看，金牌销售员无不是擅长和自己战斗又能够不断战胜自己的人。

金牌销售员需要特种兵的心态

销售是一项极具挑战性的工作，不仅挑战着一个人的智慧、反应能力、耐心、自信心及自尊心，而且挑战着勇气和力量。我曾是一名特种兵，我喜欢以特种兵为例来讲销售领域的事情，也喜欢以特种兵的心态和要求对销售人员提出建议和要求。

特种兵强在心态

大多数人对特种兵的认识和了解来自于影视剧，而且很多人认为特种兵都具有超凡的能力，突发任何危险的状况，只要特种兵出现，立马会化险为夷。当然，这是作为特种兵必须承担的责任和必须完成的任务。不过，我想跟大家探讨的并不是特种兵的业务水平，而是想告诉大家，特种兵最与众不同的是其拥有一项许多人都不具备的素质——良好的心态。

简单来说，心态就是调整情绪的能力。在遭遇困境而心情糟糕的时候，你需要多长时间才能调整过来？对于引起你情绪变化的事情，你会有多大的情绪波动，你会做出什么反应、采取什么行动？面对困境和险境，你是积极地想办法解决问题，还是消极地怨天尤人？这些都属于心态的范畴。

金牌销售员就是销售行业的特种兵，要想成为金牌销售员，就需要先调整好自己的心态，拥有特种兵一样的良好心态，以特种兵的要求作为自己的行为准则。

当然，特种兵也是普通人，也会有情绪上的波动，在遇到困难时，他们也不免会产生畏难情绪。但是，他们通常能够自我调整，迅速摆脱不良情绪，重新充满激情和战斗力。

特种兵在接受训练的时候会刻意加强心态方面的训练。我曾经看过一篇报道，讲述的是德国特种兵在训练时接受的“地狱”般的俘虏训练——“虐待课”。据说所有特种兵都要经历这场训练，而在所有训练中，这场训练也是唯一让所有受训者难忘的。这篇报道这样写道：

学员们将被放逐到一个完全陌生的地方，没有食物，只能自己想办法找东西充饥。不久之后，“敌军”会在军犬的帮助下将他们抓获，把他们关进地牢。

此后他们将受到虐待战俘的各种“待遇”。“敌军”会剥光他们的衣服，羞辱他们，让他们忘掉尊严；用100分贝的噪声干扰他们，让他们整夜无法入睡；将冰冷刺骨的水浇在他们身上……

“敌军”折磨人的手段层出不穷：让他们立正，一站就是十几个小时；把装着鸡粪的麻袋放在他们头上，或用洋葱熏他们的眼睛。另外，挨打是不可避免的。“敌军”打人也很有技巧，专打膝盖和肘关节的外侧，打这两个地方会让你疼痛难忍又不留下痕迹。

之所以让特种兵接受这样的虐待训练，是为了考验他们的意志力，锻炼他们的抗打击能力。

其实，销售也是一项非常考验意志力和抗打击能力的工作。有些客户不理解销售工作，会说一些难听的话，甚至羞辱销售人员；有些客户会变相地折腾你，三番五次约你去谈业务，但等你到了那里，他却不理你；还有些客户表面答应得很好，到了签合同的时候却找各种理由拖延……

成功学大师拿破仑·希尔说："人与人之间只是很小的差异，但这种很小的差异却可以引发巨大的差异。很小的差异即积极的心态或消极的心态，巨大的差异就是成功或失败。"

作为特种兵，不具备积极的心态，在严酷的魔鬼训练中就很难坚持下来；不具备自信的心态，面对危险就做不到临危不乱；不具备勇敢的心态，就不敢只身进入危险的环境……

销售工作是对销售人员心智的考验，是一场考验心理承受能力和心理调节能力的战争，也是一场与自己的战争。在这场战争中，怎样让积极心态战胜消极心态，让勇气、努力、奋进、激情、冷静等情绪取代恐惧、胆怯、愤怒、退缩、拒绝等情绪，是每个销售人员需要修炼的基本功。只有这些基本功修炼好了，才能做好销售，才有可能成为金牌销售员。

参加我的培训课程的销售人员其实大部分已经是销售精英，可是他们为什么还要来进修呢？在接触中，我发现，他们有一个共同点，就是都觉得自己在某些方面仍然存在问题，有些事情仍然搞不定。

"徐老师，我不怕体力上的辛苦，但是有时候客户真的会说一些伤我自尊的话，我承受不了……"

"徐老师，眼看快要谈好的单子，一不留神，成了别人的，碰到这样的事，我特别有挫败感，往往好长时间缓不过来……"

“徐老师，虽然我的业绩一直还可以，但是我感觉每完成一个单子就像打一场大仗，特别疲惫。可是，我的一些同事做得很轻松，每天跟玩儿似的就把单子签了。这到底是怎么回事儿呢？”

类似的问题，每次课上我都会遇到很多，我总结了一下，在所有问题中，涉及销售技巧的并不多，大多数人提到的都是心理和心态方面的问题。

销售的确需要一些技巧，但是技巧要建立在良好心态的基础上才能发挥更好的作用。对很多销售人员（尤其是刚迈进销售行业的新人）来说，最难的就是调整自己的心态。

客户不理解、不理睬、拒绝甚至羞辱几乎是每个销售人员都会遇到的情况。很多销售人员在从事销售的过程中都产生过严重的挫败感。在这些人中，有一部分人能够迅速调整心态，重新振作起来，继续保持亢奋的、充满激情的、积极向上的状态，重新出发。有一部分人却会感觉深受打击，需要比较长的时间修复内心，甚至有些人因为无法突破心理瓶颈，最终无奈地离开销售行业。

在给学员们解答问题的时候，我更多地会跟销售人员讲一些心理洞察和心态调整方面的问题，在我看来，这些看似与销售无关的问题对销售往往有更大的助力。

调整好自己的心态，像特种兵那样锻炼自己的意志力和抗打击能力，让自己时刻保持积极向上的状态，那么任何难缠的客户、任何难以突破的瓶颈可能都只是销售工作的小插曲。最终，你会凭借自己的实力和良好的心态成为金牌销售员。

为自己的职业而骄傲

每个特种兵都以身在特种部队为荣，他们坚信自己是最优秀的军人，坚信自己在为国家乃至为世界和平贡献力量。这种成就感让他们在训练时更加刻苦，在作战时更加勇猛。

销售员也以自己的职业为豪，在销售工作中大放异彩。世界上最伟大的销售员乔·吉拉德说："每一个销售员都应以自己的职业为骄傲，因为销售员推动了整个世界。如果我们不把货物从货架上和仓库里面运出来，整个社会体系的钟摆就要停摆了。"销售在任何一个国家的经济领域都占有举足轻重的地位。不论制造业以及农业方面的产品有多么出色，如果没有人开展该产品的经营销售业务，恐怕这些行业将举步不前。可以说，在供大于求的今天，从事销售的前途与经济发展的前景一样辉煌，销售不再是无奈的谋生手段，而是值得投入与奋斗的终生事业。

身为销售人员，应该以职业为荣，因为销售是一份值得尊敬、使人有成就感的职业。有一则研究显示，一个普通的销售人员即可为工厂的 30 位员工提供稳定的工作。

可以说，销售是理想的工作和事业。你要相信销售有利于社会、有利于企业、有利于自己。成功的企业家中，曾从事销售工作的居多。从事销售工作是成长为管理者的最佳路线，因为销售工作最能锻炼人、最能提升人。你确立这样的观念后，才不至于卑躬屈膝，而是满怀自信地面对客户。

勇敢：不畏艰险，销售就是和自己的战斗

表面上看，销售工作是与客户和竞争对手的战斗，实际上它是销售人员和自己的战斗。销售人员在征服客户之前，首先要面对的是胆怯、自卑、困惑、抱怨等个人心态方面的问题，战胜不了自己就无法赢得客户。

每支销售团队几乎都有响亮的口号，每次整装待发，销售经理都会带领业务员高喊口号。为什么要这么做？就是在帮助销售人员战胜自己的心魔，消除一切负面情绪，勇敢地去战斗。许多业绩不错的销售人员都发现了一个规律，那就是，每次上场之前如果能运用一些心理战术，胜算会更大。这就说明了一个道理：赢了自己，才有机会征服客户。

林征是我朋友的孩子，他大学毕业后，朋友请我在公司里给他安排一份工作，想让我帮着提点提点他。我看着林征长大，知道他从小就有点儿胆小怕事，遇到活动都往后撤，从来不做冒尖、抢风头的事。朋友跟我提这件事的时候，考虑到这孩子的性子不好磨炼，我有些犹豫，但是碍于面子，我还是勉强答应了。

销售工作最锻炼人，我自然把他放在了销售岗位。果然不出我所料，在入职以后三个月，林征不仅没签到一个单子，而且连一个意向客户都没谈成。基于对林征入职以来的观察，我发现他面前最大的障碍就是胆怯，每次给客户打电话，他都吞吞吐吐、唯唯诺诺，安排他去见客户，他总是不由自主地推诿。眼看着他越来越消沉，我不能坐视不管，必须给他用点儿非常手段了。

我把林征叫到办公室，对他说："我们写字楼 A 座 1803 室有位老爷子，是他们公司的负责人，也是咱们的忠实用户，人挺好的，就是脾气有点儿大。一会儿你把产品给他送过去，平时他一见到陌生人就会大动肝火，你别当回事儿，等他发完脾气就好了。"

林征虽然胆小，但是脾气很好，我猜想他应该能抗得住老爷子的训斥。

一个小时后，林征返回我的办公室，兴奋地说："老爷子挺可爱的，他说我带的产品少了，让我一会儿再送些过去。"

虽然我推测这次推销会成功，但是听到这个消息还是有点儿意外，不禁问他："你怎么把他搞定的？"

"您不是说了嘛，低着头听他骂完就没事了。"林征疑惑地看着我。

"哈哈哈，你这个傻小子，傻人有傻福。他可是咱们公司最难搞定的客户，一个个销售人员都被他骂了回来，到现在一直没人敢再去。你牛！"我冲林征竖起了大拇指。

林征意识到被我涮了，但同时他也知道这次被涮得很值。从那之后，他逐渐克服了胆怯心理，不再害怕与客户接触，业绩自然提升得很快。

决定采用这个方法的时候，我也有很大的顾虑，一方面希望帮助林征消除胆怯心理，另一方面又担心他抗不住老爷子的辱骂。这位老爷子是整栋写字楼里的“钉子户”，几乎所有销售人员都被他教训过，大家看见他都绕着走。林征来的时间短，对这个情况不是很了解，他以为只是去跑个腿，所以我便用了这样一个“以毒攻毒”的办法帮助他克服心魔。虽然有一定的风险，但从结果上来看，我的方法用对了。林征之所以顺利搞定了这个难缠的客户，凭的就是我帮他树立的好心态。

销售人员最大的敌人是谁？很多人或许认为是价格、竞争对手，或者是客户。其实都不是，最大的敌人是销售人员自己。拿破仑在全盛时期几乎统治了半个地球，战败后却被囚禁在一座小岛上，孤愤难以排遣，他无奈地说：“我可以战胜无数的敌人，却无法战胜自己的内心。”可见，能够战胜自己的人才是上等战将。

刚踏进销售行业时，相信许多销售人员都遇到过这样的状况。

起初你初生牛犊不怕虎、信心百倍、壮志满怀，认为只要努力就一定能混出点儿名堂。于是，你辛辛苦苦地去“扫街”，挨家挨户地拜访。结果路人的冷眼、客户的恶言恶语逐渐浇灭了你心头的烈火。你开始彷徨、胆怯，一敲门，手就不由自主地发抖，一迈进客户的办公室就浑身哆嗦，一开口说话就结结巴巴。

你一次又一次垂头丧气地从客户那里离开，一屁股坐在路边的马路牙子上，恨不得猛灌自己两瓶烈酒，一醉解千愁。回想一下客户或冷漠或刻薄的言行，你就觉得自己特别没出息、满腹委屈。一边想一边感慨：“生活艰难，挣钱太不容易了！”转念又一想：“我好歹是个大学生，找工作不算难事，为什么一定要做销售工作呢？不是有句话叫‘穷则变，变则通’吗？既然自己不适合做销售工作，干脆转行吧！”

于是你回到公司，毫不犹豫地递上了辞职申请。

这样的销售人员都是被自己的胆怯吓倒的，最后沦为销售队伍的逃兵。善始却难以善终的销售人员走到哪里都难有成就，这一次你不跟自己较劲，轻易缴械投降，下一次照样挺不过去。不战胜自己的弱点，就不会有进步。真正的机会往往伪装成陷阱，只有勇敢地跨过去才能继续前行，认输是没有办法从陷阱中逃出来的。

我在市场上摸爬滚打了十几年，最大的收获并不是财富的积累，而是心态的修炼。拥有良好的心态就不会抱怨，不会心浮气躁，不会急功近利，不会因为客户的“高大上”自惭形秽，不会被客户的气势吓得临阵脱逃。心态调整好，气场和能量也会随之形成。摸爬滚打了十几年的销售人员基本上不用自己跑出去找客户，仅靠响当当的名字就能聚拢一大批客户。

特种兵通过战胜敌人来证明自己的强大，这种强大不只是体能的强大、技能的高超，更重要的是心理素质的强大。销售人员也是如此，通过征服客户、打败对手证明自己，告诉世人我是敢于和自己战斗的勇士。

不服输：成功需要不抛弃、不放弃

我的朋友圈里有位美丽顾问，她是玫琳凯的销售代表。每天早上8点，我都能准时收到她的问候，每逢节日还会收到她发来的特别祝福。这种状况大概持续了一年多的时间，我一直置若罔闻，希望她对我死心。

可是她似乎并不在意我的冷漠，始终如一，热情不减，不断在朋友圈发产品的广告信息："完美女人，给您精致生活！"有一次，我太太对着镜子感慨："脸色越来越黯淡了，皱纹越来越明显了！"以往我一向反对她往脸上涂太多东西，这一次竟然脱口而出："试一试玫琳凯呀！"最终，她拎了一大堆玫琳凯的化妆品回来。

这位美丽顾问之所以成功，就是因为她不抛弃任何一个潜在客户，包括男性；不放弃任何一次宣传机会，每天坚持推送广告。方法虽然简单，却能像脑白金的广告一样迅速侵占我们的头脑，让人潜意识地产生购买行为。如果你的销售业绩至今仍没有什么起色，看到这里会不会有所启发？这就是不抛弃、不放弃的力量，销售人员就要有不服输的精神，重复做好简单的事情也会有收获。

世界上最伟大的销售员乔·吉拉德说：“同一个客户很难拒绝你 6 次以上。”销售人员就是要跟客户比一比，看谁能坚持得更久。很多时候，客户的观念是一点儿一点儿被改变的，他每拒绝一次，头脑里都会发生一些微妙的变化。改变客户的观念是一个循序渐进的过程，只要不抛弃、不放弃，就有成功的可能。

电视剧《士兵突击》里的人物许三多是一个普普通通的农村人，他从小被他爹骂作“龟儿子”，既没有成才的脑袋灵光，也没有吴哲的学历高，但他凭着一股不服输的韧劲成长为一名优秀的特种兵。

“不抛弃，不放弃”是电视剧中钢七连的六字箴言，许三多铭记在心，不断践行。老 A 面试筛选的时候，教官袁朗拒绝了成才，因为他在演习过程中完全背弃了这六个字。许三多没有忘记，他没有抛弃战友，没有放弃任何一丝完成任务的希望。这个农村孩子单纯而执着，因为笨，让全连受连累；因为认真，让全连感动；因为执着，让全营为之骄傲。他被老 A 选中，看似意外，却又实至名归。

销售人员的训练和特种兵的训练一样，没有什么诀窍和秘籍，成功凭借的就是不服输、勇往直前的精神。就算你和许三多一样没有过人的天资、没有傲人的学历，但是只要能够踏踏实实地完成每天的客户拜访，坚持一段时间，总会有收获。

在销售行业摸爬滚打了这么多年，我见证了无数人的飞黄腾达，也见证了无数人的黯然退场。我发现一个规律：“聪明”和“门路多”的人大多很难在一个行业或者一家公司扎根，他们很少直面困难和挑战，总是不断地寻找捷径，频繁地变换岗位，可是当他们抖完机灵、用尽门路之后，回望自己的来时路却是一片狼藉。轻易认输的人注定一事无成，而那些看起来愚笨的人大多有一股不服输的韧劲，在一家公司一干就是几年、十几年，他们像许三多一样脚踏实地、稳扎稳打，最终成为销售战场上的胜利者。

销售市场的竞争日益激烈，一个市场热点常常会引得无数人争抢。一些人好不容易挤进去了，干了一段时间却发现自己对此并不了解，客户也不像想象中那么容易培育，于是便打起退堂鼓，再去寻找其他行业、其他热点。在他们看来，总有一夜暴富的机会在等着自己。可事实呢？就这样东跳西跳、左等右等，几年时间转眼过去，当初和他们一起进入职场的人，有的已经成为部门经理，有的已经成为金牌销售员。此时，他们还不检讨自己的态度，而是频频抱怨际遇不好、市场难做。就这样，几年的时间再一次悄悄溜走，当年一起进入职场的人，有的已经开公司做了老板，有的已经提前实现财务自由，开始享受生活。那些一而再、再而三知难而退的人又在做什么呢？或许他们还在叩问苍天为什么好运不降临到自己头上。

张强、赵东、谭伍、薛凝是我们公司在创业之初一起招进来的四位销售员，张强、赵东和谭伍都是从知名的大公司跳槽过来的，在此之前，他们都至少换过两家公司，只有薛凝是应届毕业生，没有工作经验，不过他的简历上有一样东西特别吸引我——大学四年一直任班长职务。由此，我断定他一定有很强的韧性，是一个不认输的人，而这一点正是我最看重的销售人员的特质。

销售是一份苦差事，进入一家新公司或一个新行业都要经历一段艰辛的历程，前三个月不出业绩是常有的事，没有不服输的精神很难熬过这三个月。果不其然，张强、赵东和谭伍在经历了三个月的业绩低潮期后开始动摇，他们不断抱怨小公司的弊端，大谈老东家的种种优势。但他们也都坚持下来，半年的时间里，他们的业绩差强人意。

薛凝是个阳光大男孩——单纯率真。因为没有任何经验，前三个月的表现远不如其他销售员好，但是薛凝最努力。他每天比别人多打几个电话，多发几份宣传单，从不轻易放弃一个客户，只要客户不赶他走，他就会找话题跟客户继续聊。

这种锲而不舍的精神为薛凝打破了僵局，第四个月，薛凝终于签单了，但是客户一直不肯付款。薛凝又被当头浇了一盆冷水，他没想到销售工作这么难做。我曾经试探性地问他会不会放弃，薛凝的回答很坚定："我现在是过了河的小卒子，只能勇往直前，没有退路。"

经过时间的打磨，薛凝在业务上不断精进，一年后成为我们公司的金牌销售员。张强、赵东、谭伍却因为业绩不理想，一年内相继离开。听说他们三个前前后后又跳槽去了几家公司，规模有大有小，可是却一直都没能做出像样的业绩。

玫琳凯的美丽顾问、许三多、薛凝无疑都是成功的、令人羡慕的，如果认真观察，你会发现他们身上具备某些共同的特质，比如在面对打击时不轻言放弃，在面对失败时能够痛定思痛，吸取教训。内心那股"我一定要赢"的强烈信念支持着他们熬过了一个又一个布满荆棘的阶段。

招之能来：接受挑战，做别人望而却步的事

我常常问新进的销售人员：你想成功吗？所有人的回答都是“想”，但是他们投入实际工作后，有一半以上的人遇到困难会退缩，绝大多数人都不具备“豁出去”的决心。

我告诉他们：一个人如果真的想成功，那么80%以上的事情都能做成。大多数人之所以没有成功，是因为他们并不是发自内心地想成功，是因为他们没有抛开一切去努力的勇气和力量。所以，他们想要的成功只停留在嘴边。这种只停留在口头上的目标自然没有太多的意义。

钟伟是一家保险公司的业务员，刚进入这个行业的时候，她还是一个刚刚毕业的大学生。那时候的钟伟文静腼腆，不要说卖保险做销售了，就连跟陌生人说话都会紧张得脸红。大学毕业找工作面试的时候，面对面试官的提问，钟伟因为紧张总是回答得结结巴巴，面试结果可想而知。

回到家后，钟伟眼前总是浮现面试时自己紧张的样子和面试官不屑的眼神。她知道如果再这样下去，不要说在工作中做出成绩了，就连找工作都是个难题。钟伟决定改变现状，挑战

自己，于是她挑选了保险业这个极具挑战性的行业，她信心满满，相信自己一定能做好。

当时电视剧《我是特种兵》正在热播，钟伟就以电视剧中特种兵的标准作为自己的行动模板，每天激励自己，调整自己的心态。

进入保险公司之后，钟伟每天都强迫自己走出去拜访客户；在公司的分享会上，她也总是会强迫自己积极上台发言；平时的工作中，她更是会虚心向前辈请教，别人不想去见的客户她会去见，别人不愿意做的产品她会去做……抱着一种豁出去的心态，钟伟走了许多别人不愿走的路，拜访了很多别人不愿意见的客户，也吃了许多别人没有吃过的苦，经历了无数次的不理解、拒绝、尴尬甚至羞辱，但是她始终没有放弃。

经过一年半的打磨，钟伟的努力终于有了回报。也许是被她的诚意打动，也许是被她的精神折服，总之，一些客户开始接受她，接受她的产品，有些客户还会介绍亲戚朋友购买她推荐的产品，就连原来一些老业务员都搞不定的客户也开始与她互动。渐渐地，钟伟的业绩大幅提升，这给了她更多的信心，也激励她勇敢地面对更多、更大的挑战。最终，她成为行业内小有名气的销售员。

钟伟从一个文静腼腆的小姑娘，成长为成熟干练的行业精英，除了自身的努力外，她良好的心态起到了至关重要的作用。在她决定挑战自己的极限的时候，在她确定要成为行业精英的时候，她已经成功了一半。

每个人都有无限的潜力，当你做好准备接受挑战，相信自己能做好别人做不了的事情时，你就已经走在通往成功的路上。

将特种兵的心态和勇气作为自己的行动目标，确实是钟伟不同于其他人的地方。特种兵都是单兵作战能力非常强的人，他们执行的任务都是普通人无法完成的，甚至是难以想象的。特种兵既要接受体能训练，又要接受心理承受能力方面的训练，这样才能增强他们面对危险的勇气和力量，磨炼他们打不垮的意志力。

做销售也是如此，如果你想成为金牌销售员，成为行业精英，就要敢于接受挑战，做自己原来认为不可能完成的以及别人望而却步的事情，而且竭尽全力做到最好。

那么在面对难题和挑战的时候，销售人员该怎么做呢？

正视困难

别人不敢去做或做不了的，大多是他们因为害怕自己做不好，或者他们无法克服实际困难。也就是说，事情本身是存在困难的，对这一点，我们在心理上应该承认并接受，不要轻视，要重视。

发挥优势

人在发挥自身优势的时候，充满应对挑战的力量，而且能够更好地享受挑战的过程。所以，一定要认可自己，发现自己的长处，发挥自己的优势，相信自己能够找到解决问题的办法。同时，不要过分看重结果，过分关注结果导致更加惧怕失败，失去尝试的勇气。

把事情具体化

很多时候我们不敢做某件事情的原因是，我们对不确定的结果存在悲观估计。在悲观情绪的影响下，我们的注意力和观察力都会受到限制，更容易夸大事情的困难程度。所以，具体分析一下事情本身存在哪些让我们胆怯的因素，针对这些原因再找出解决的办法，也许事情并没有想象的那么难。

明确损益

在做某件事之前，先明确这件事情能够带给自己的利益。很多时候，在利益目标的激励下，我们能产生足够的勇气接受挑战。钟伟就是这样，因为她想改变自己的状态，明确在挑战自己之后，自己的整体面貌会有一个大的提升，所以她勇敢地选择了挑战自己，然后获得了成功。

完成别人做不了的事情，就不得不吃别人吃不了的苦，承受别人承受不了的打击。要做到这一点，不仅仅需要智慧和力量，而且需要超强的心理承受能力和心态调节能力。

作为销售人员，随时会被拒绝、遭受挫折，这就需要我们在工作过程中时刻激励自己、训练自己，就像特种兵那样，随时增强自己的勇气和信心。只有这样，才能持续保持激情和动力，克服别人克服不了的困难，做好别人做不了的事情。

自信：树立胜利者的形象

一身过硬的本领只是特种兵必备的素质，作为一名合格的特种兵，舍我其谁的自信尤为关键，这份自信主要通过不断地挑战那些看似不可能的事情来树立，这份自信禁得起挫折的考验和时间的推敲，它不但表现为对自己能力的绝对信任，而且表现出对团队的无比信任。

自信是销售成功的第一秘诀。销售是与人交往的工作，销售过程中要与形形色色的人打交道，有财大气粗、权位显赫的人物，也有博学多才、经验丰富的客户。销售员只有坚信自己的能力，相信自己能够说服他们，才能信心百倍地敲响客户的门，挥洒自如地侃侃而谈。

然而，有一些销售人员（特别是新手）的心中笼罩着一层阴影——自卑。应该说，销售是一个较易产生自卑感的工作，在客户是上帝的大前提下，销售员谨小慎微、曲意奉承，容易不自觉地看低自己、放低自己。加上在销售时偶尔会遇到一些“伤自尊”的事情，如被客户斥责甚至痛骂，更容易加剧销售人员的自卑感。

自卑者，人皆卑之；自信者，人咸信之。作为销售员，你首先要把自信找回来。如果你都不相信自己，还有谁会相信你呢？

要喜欢自己、相信自己，彻底认清自我价值，相信自己是最棒的。

著名商人作家罗伯说过："假如你要在别人那儿建立一个胜利者的形象，你就必须先建立一个胜利者的形态。"

李国强从小胆怯自卑，站在陌生人面前常令他局促不安，结结巴巴地说不出话来。刚从事销售工作时，他站在别人家门口不敢敲门，大脑一片空白，自己事先演练过的销售开场白被忘得一干二净。李国强总是感觉自己一无是处，认为别人看不起自己，害怕客户将他赶出来。但这种现象并没有持续下去，李国强制止了它的蔓延。因为他知道如果不改变现状，自己将不可避免地失去生活来源。既然都快没饭吃了，被人赶出来又算得了什么？

李国强不断给自己打气，装作信心满满的样子拜访一个个陌生的客户。没想到他放开了和客户交谈后，发现他们可以像朋友一样沟通，谈话氛围融洽随意。

自从学会处于平等的位置跟客户沟通后，李国强的为人处世就变得轻松自然多了。在客户面前，他不再战战兢兢、畏畏缩缩，而是气宇轩昂、挥洒自如。毫无疑问，改变后的形象更令客户信服。

《圣经》里说："如果你有一点儿信心，你即会对此山说，由此处往彼处移，而它就真的会移动。因而没有一件事对你而言是不可能的。"如果你留心商界那些从销售员做到公司高管的人，你会发现，他们无一不具有强大的自信心，他们对自己的工作信心满满，始终相信自己会取得成功。最终，他们真的取得了令人艳羡的成就。

积极：只要还有 1%的可能，就要付出 100%的努力

接到任务后，特种兵绝不会因为困难太大、成功的希望渺茫而主动放弃。越是艰巨的任务，他们越会拼尽全力，争取最后的胜利。销售人员同样需要这种精神。面对一个只有 1%成功希望的销售任务，如果一开始就消极地认为自己不可能完成，那么必然不会真心付出努力。如果把它看成一场跟自己的比赛，积极地准备并坚持到底，那么就有机会把不可能变成可能。而且，即使最后失败了，你也不亏，因为你在这一过程中积累了宝贵的财富，那就是竭尽全力的积极心态。你一定听过这样一个故事：

两个欧洲人去非洲销售皮鞋。第一个销售员到了那里，发现当地人都不穿鞋，立刻感到很失望，对自己要完成的任务充满了怀疑："所有人都赤脚，我的鞋肯定卖不出去。"于是他放弃了努力，沮丧地回去了。第二个销售员看到这个情况，立刻兴奋地尖叫起来："都没鞋穿——这是个多么大的市场啊！"于是他想方设法地推销，逐渐打开销路，成功地让当地人穿上了鞋子。

面对同一个市场，一个销售员消极悲观，失望地回去了，不战而败；另一个销售员则积极应对，满怀信心，在市场荒漠中创造出销售奇迹。

由此可见，销售人员的失败、平庸很多时候是心态造成的。消极的销售人员经常会找借口："我不行，还是算了吧。"积极的销售人员则会找解决方法，面对困难仍旧保持乐观的心态，不断告诉自己："我行，我一定行!"鼓励自己勇敢地做下去，想方设法克服困难，最终自然会走向成功。

销售是一个积累的过程，一步一个脚印才能迎来令人满意的结果。积极的心态是做好销售积累的保障，只有以特种兵排除万难的精神面对一个又一个看似不可能完成的销售任务，让积极的心态在我们的生命中生根发芽，才能在秋天摘得累累硕果。

积极的心态可以激发无限的潜能，让我们在面对只有 1%的成功可能时，依然选择付出 100%的努力，竭尽全力赢得客户。

我遇到过一位不苟言笑、不好吃喝的客户，他是一个很难搞定的客户，常规的手段都用尽了，他却无动于衷。我焦头烂额，几乎要对这笔单子判死刑了。当然这只是一时感到沮丧的想法，我自然不会就这样放弃。我深知不能消极处事，于是决定背水一战——大打感情牌。我推心置腹地跟他聊家常，他终于打开了话匣子，他谈到儿子最近跟他要一部新款手机。我的助理小江以为客户是暗示要一部手机，但是我发现他的语气中带有一丝无奈，似乎另有隐情。深入询问后得知，他儿子 15 岁，马上要中考了，但是学习成绩并不理想，而且对学习提不起兴趣。他为此伤透了脑筋，担心儿子考不上重点高中。

我突然想到有一位朋友是做教育辅导的，而且在业内很有名气。事后，我支付给这位朋友一个月的辅导费，并让他从他的团队中选了一位出色的辅导老师。然后我找到这位客户，告诉他有位名师愿意免费辅导孩子的学习。一个月后，这位客户兴奋地给我打电话，说他儿子的考试成绩在班里排名前进了10名，并对我表示感谢。就这样我们成为朋友，销售自然不再是问题。

还有一次，一个重要单子的关键负责人同样对吃喝玩乐有极强的免疫力，销售工作开展到一半就陷入了绝境，我几度想要放弃，却始终有些不甘心。偶然间我发现这位负责人的电脑屏幕是一幅国画，由此猜到他或许对艺术品很感兴趣。于是我在最短的时间内恶补了一下名画名家的常识，然后在下一次跟进业务的过程中故意装作不经意的样子跟这位负责人聊起了国画。果然，他像找到了知己一样侃侃而谈。

共同感兴趣的话题瞬间拉近了我们之间的距离，随后我又邀请他一起去看画展，参加名画拍卖会。就这样，我们的交情日益加深，销售工作自然也开展得越来越顺利了。

面对这两个难缠的客户，我没有退缩、没有放弃，坚信一定能找到突破口，正是在这种积极心态的引导下才找对了方法，抓住了客户的感情，打赢了硬仗。

我其实是典型的悲观主义者，做任何事首先想到的是最坏的结果。退伍后，我选择创业，在此之前，我设想了种种失败的可能。那么悲观的人该如何保持积极的心态呢？

看看我是怎么做的：我在办公桌上摆了一个纸箱，将一张写有“积极创造奇迹，一切皆有可能”的纸条贴在箱子上。

每当遇到困难，我的悲观主义情绪就开始作祟，抱怨社会不公、世事艰难。为了消除负面情绪，我把这些困难写在便签上，投进纸箱，然后闭上眼睛，反复默念“积极创造奇迹，一切皆有可能”，设想这个困难已经被我关进了牢笼，它并没有想象中那么可怕。积极的心理暗示真的很有效，使许多问题解决起来并没有想象中那么困难。事情完成以后，我会再把这张便签拿出来，发现这些困难不过是纸老虎，巨大的成就感油然而生。

每个销售人员都渴望出色的业绩，但某些人似乎永远和成功一步之遥，他们缺的不是运气，而是积极的心态。消极和不自信导致他们怀疑自己的能力，放弃努力，让自身潜能永远在体内沉睡。其实，困难远没有你想象的那么大，只要有 1%的可能，都应拼尽全力去争取。

没有天生的金牌销售员，他们的成功源于通过积极的心态引爆自己的潜能，一步步登上金牌销售员的宝座。“在命运扔给你一把刀的时候，你有两个地方可以抓住——刀口或刀柄。”如果你抓住刀口，会割伤自己；如果你抓住刀柄，就可以用它劈出一条大道。面对命运扔给我们的刀，消极的人被锋利的刀口吓得夺路而逃，积极的人则紧握住刀柄披荆斩棘，所向披靡。

来之能战：用信念和意志战胜所有不可能

无论做什么事情，拥有信念、意志坚定的人都更接近成功，这一点在特种兵身上得到了最好的印证。我的战友肖雄是我一直以来最钦佩的人，他拥有的信念和意志力是我所向往的，更是我一直追求的。

在我们的毕业考核中，肖雄拿到了万米武装越野和渡海登岛障碍两个第一，膝肘的鲜血染透了他的军装，在105秒内他完成了200米石子场的低姿匍匐……

你绝对想不到，在参加这次毕业考核时，他的左臂骨折未满一年，钢板还没取出来。正常情况下，这种身体条件是绝不可能通过考核的。当时，我们都劝他放弃这次考核，等毕业后次年再来补考。但是肖雄以惊人的信念和意志力出色地完成了考核。

面对记者的采访，他是这样说的：

因为我的左肱骨骨折，桡神经挫伤，有3厘米变成灰色，手指活动失控。医生用钢板固定后告诉我：神经伤害后，一个月只能恢复3毫米，完全恢复的可能性只有30%。然而考核在即，眼看着恢复无望，我几乎陷入了绝望，自暴自弃的念头挥之不去。

有一天去食堂的路上恰好碰到大队长，大队长了解了情况后对我说："特种兵是不会向困难低头的！"那时离我断骨还不到 100 天。回到宿舍，我立即把绷带拆了，把石膏敲掉。从此每天坚持用左手做一些轻松的动作帮助恢复，右手坚持做负重哑铃和单手俯卧撑来增强力量，每晚坚持做到 12 点。

功夫不负有心人，我终于掌握了大部分考核科目，但是还有一个拦路虎——渡海登岛 400 米障碍，其中的云梯要靠两手交替抓过去，但我的左手根本使不上劲，完成这项考核几乎是不可能的事。战友都劝我明年再来补考，但我已经下定决心非过不可。我绞尽脑汁想了一周也没找到可行的办法，一天晚上，在我单手做俯卧撑时脑海里闪现了一个念头，我想起教员说过还有另外一种方法通过这个障碍——从云梯上方通过，这种平时几乎不会有人使用的方法却让我重新燃起了希望。于是，我反复练习单手引体向上，先爬上云梯，然后在左手的辅助下顺利通过。毕业考核中能拿到这个科目的第一真是没有想到。

这篇采访被刊登在报纸上，报道为肖雄概括出了"两个绝对"，即"赢得比赛的绝对信念"和"战胜自己的绝对意志"。毕业考核是特种兵一生中面临的最严峻的考核，在正常的身体状况下也不是每个人都能一次通过，肖雄却带着钢板、忍着剧痛取得了如此优异的成绩。所以说，他不仅在技术水平层面战胜了我们，更在信念和意志力上战胜了我们。

给你一把梳子，让你卖给和尚，你会说"这做不到啊"；给你一把斧子，让你卖给小布什，你也会说“这不可能”。事实是，早有前人把你眼中的不可能变成了奇迹。而你之所以会输，当然不是输在销售技巧和销售能力上，而是输在了没有必胜的信念和意志上。

具有坚定信念和坚强意志的销售人员是不会轻言放弃的，客户也往往会因钦佩这种坚忍精神而产生合作的意愿。只要认定一个目标，不管实现它的困难有多大，都要全力以赴。

克里曼·斯通是美国联合保险公司的董事长，也是一位商业巨子，他凭借坚定的信念和意志获得了人们的赞赏，并最终登上成功的巅峰。

父亲在斯通很小的时候就去世了，他的母亲靠替人缝衣服维持生活。为了补贴家用，斯通做了报童。刚开始卖报的时候，斯通很害羞，不敢上前。连续三天，他都是在马路边傻傻地站着，守着身边堆得比他还高的报纸，只卖出去几份报纸。妈妈辛苦挣来的钱全要砸在这堆报纸上，斯通知道自己不能再这样下去了。

这一天，斯通来到一家餐馆门前，望着里面的食客，他深呼吸，反复告诉自己“一定要把报纸卖给他们”。他鼓足勇气走进餐馆售卖报纸，但很快被老板赶了出来。虽然没卖出去几份报纸，但斯通发现，餐馆里就餐的客人都很友好，报纸也很好卖，于是趁老板不注意，他又偷偷溜了进去。发现他之后，老板比之前更生气，一脚把他踹了出去。斯通却毫不介意，只是揉了揉屁股，揣上报纸又一次溜进餐馆。客人们被他的执着打动，都劝老板不要再赶走他，并纷纷掏钱买下他的报纸。老板见客人们这样的反应，也不再驱赶斯通了。

这件事对斯通的触动很大，他意识到坚定的信念和意志是迈向成功的基础，这也成为他开启事业大门的钥匙。每当被困难绊住脚步的时候，他都会想起这次经历，告诉自己坚持下去一定会成功。

16 岁的时候，斯通开始尝试推销保险。20 岁的时候，他创办了一家只有他一个人的保险经纪社。26 岁的时候，他已经成为一名百万富翁。他总结自己成功的秘诀就在于“拥有坚定的信念和意志”。

在销售行业，能签到最多的生意、得到最多的客户、销售最多的商品的永远是那些像斯通一样不灰心、能忍耐、在困难面前绝不说“不”的人。坚定的信念和意志赋予了他们坚忍的精神和自信的魅力，当客户面对他们时，自然会觉得难违其意、难却其情，从而选择与他们合作。销售人员要做的就是努力让自己成为这样的人。

有人把成功比喻成天堂，把拒绝和失败比作地狱，而销售人员就是每天在天堂和地狱之间穿行的人。那些获得成功的人永远都是拥有信念和意志坚定的人。

战之能胜：没有特种兵完成不了的任务

面对激烈的竞争，金牌销售员是这样做的：别人一天拜访 3 个客户，他见 8 个；别人一天工作 8 小时，他工作 16 个小时；别人在上班时间聊天，他在谈客户；别人在休息，他在拓展客户……不付出比别人更多的努力，成功就不会属于你。

做销售，最容易的事就是放弃，写一封辞职信太简单了，甚至有些单位，打个招呼就可以走人。做销售，最伤心的事也是离职，因为一旦离开，你之前所有的努力都会付之东流，转入其他行业还要从头再来。做销售，最难的就是保持必胜的决心和昂扬的斗志。其实这不是件难事，有时候只需要对自己狠一点儿。

董明珠被誉为中国的“销售女王”。有人说，这个女人走过的路不长草；有人说，这个女人霸道强悍、六亲不认。董明珠却说：“销售人员，必须对自己狠一点儿！”

董明珠曾在演讲中提到，刚入职格力，她就面临一个巨大的挑战——追债。她坚持动之以情，晓之以理，欠账者走到哪儿，她就跟到哪儿，紧追不舍，最后用 40 多天追回了 40 多万的债务。当欠账者让她把空调全部拉回时，她靠自己一个人的力量又拽又抱，把空调全部搬到了车上。车开动的那一刻，她哭了，追债过程中的辛酸是一般人难以想象的。但她认为销售人员在工作上必须是强者，即使有眼泪也只能默默擦干。

董明珠不仅对自己狠，对儿子也很严厉。儿子从小学到大学，董明珠从没送他上过一次学。董明珠说：在工作上必须要狠，因为只有对自己狠，才能让企业保持正确的大方向；只有对员工狠，才能让企业更好地走下去；只有对儿子狠，才有助于他独立成长。

这种让人感觉有些苛刻的工作态度，其实正是“80 后”“90 后”身上极度缺失的品质。许多年轻人倡导的是对自己好一点儿，他们总是希望付出少一点儿，得到多一点儿，所以从事销售工作时容易好高骛远、眼高手低。其实这是一种价值观的误区，因为没有一种成功唾手可得。

当今，销售人员需要“来之能战，战之能胜”的决心和信心，要坚信没有自己完成不了的任务。这种豪气冲天的士气可以激发无限的潜能，实现一个又一个成功。

第2章

积极：时刻准备，不打无把握之仗

销售是精神上与特种兵特质最接近的职业，二者同样需要坚强的意志，同样要有积极的心态，也同样需要时刻做好准备。优秀的特种兵不会打毫无准备之仗，合格的销售人员也不会盲目开展销售工作。开展工作之前，销售人员必须摆正心态，积极乐观地迎接挑战，仔细准备所有工作中可能用到的知识，然后过滤掉无用的私心杂念。

准备工作是成功销售的基础

特种兵精神是什么精神？直面困难、勇于吃苦。平日里，他们在烈日下奔跑，在满是泥浆的场地上摸爬滚打，在野外靠简单的工具打猎生存，这些都是在为有朝一日上战场做准备。从选择加入特种部队那一刻起，就已经没有退路，唯有摆正心态，做好一路向前的准备。

和普通士兵相比，特种兵的训练强度要大很多。拿跑步来说，特种兵要比一般的陆军多跑10倍的路程。特种部队任务隐秘，所以动作要迅速，为了更好地做到这一点，特种兵们必须付出比一般士兵多许多的努力。除了体能训练，还要加强心理素质，不停歇地走3天3夜，挨饿受冻也不能停，这是为了使内心更加坚定。这些训练方法看上去过于严苛，却是未来能够在战场上获胜的关键。如果没有今天的努力，在未来战场上或许就会失去生存的机会。

特种兵把准备做到了极致，因为充足的准备是他们在战场上活下去的基础。现在回想起特种兵的训练科目，我发现销售工作亦是如此。对销售人员来说，准备就是成功销售的基础。

首先，要为自己的产品感到骄傲，这样向客户介绍的时候才会流露出真情实感。同时，要对公司的产品充满信心，这样才能使客户认同，这是作为销售人员首先应该具备的心态。

其次，要调整自己的不良情绪。比如，拜访客户之前如果因一些事情而心情不好，千万不要带着这种不良情绪去见客户，这样做不仅无法完成销售任务，还有可能因此失去客户的好感和信任。这时要做的是让自己高兴起来，转换一下心情，这样面对客户才是一个不错的开始。

最后，要保持积极、感恩的心态，让自己时刻处在乐观之中。这些可以帮助我们打动客户，增强客户对产品的兴趣，从而提高成功销售的概率。

在实际销售工作中，销售人员基本在同一条起跑线上，但是有些销售人员由于在开展工作前没能调整好心态，遇到一点儿困难和挫折便陷入消沉。久而久之，对工作失去了热情，走向失败便成了必然的结局。也有一些人善于调整自己的心情，提前准备就绪，不管面对什么情况都从容不迫，认真分析原因，因而往往能冲破层层障碍，取得有目共睹的成就。

小张和小杨是前后两天到同一家服装店工作的销售员，由于两个人都是新手，既不具备专业的销售知识，也不熟悉店内商品的具体情况，所以在给顾客介绍的时候有些吃力。就这样，一个月下来，两个人都没有什么业绩。小张为此十分苦恼，自己明明工作很努力，为什么一点儿成效也不见，难道是自己不适合这份工作？她越想越灰心，渐渐消沉下去，顾客来了不再热情接待，新商品上架也不再积极了解。时间一长，老板自然对她很不满意，直接将她辞退了。

小杨的情况则不同，虽然刚开始时小杨跟小张一样，工作进展也不顺利，但是小杨并没有因此灰心，而是积极地分析原因，总结出几个关键问题：销售知识欠缺，准备不足，面对顾客时紧张。找到原因之后，小杨便开始针对这些问题思考相应的解决办法。上班时，她积极跟店里的老员工交流，学习她们如何接待顾客，向她们讨教销售经验；下班后，她自己做顾客，逛其他商场和服装店，认真听商场里的销售员是如何向顾客讲解的，还找来一些相关图书阅读。经过一段时间的努力，小杨的业务技能逐渐成熟起来。

有一次，一位女顾客到店里想买一件新款外套。小杨没有询问顾客需要的尺码，而是凭借自己的经验找了一件非常适合这位顾客的外套，顾客一试非常合身。不过，她不太喜欢这个颜色。这时候小杨对她说："现在是春天，这种颜色是最适合春天穿的，颜色亮丽，显出勃勃生机，使人看起来既有朝气又有气质。"顾客听了小杨的这番话又照了照镜子，觉得她说得很有道理。

商议好价格之后，顾客准备付款。这时候小杨的销售工作并没有结束，她根据自己对产品的了解，又向顾客推荐："我觉得这件外套如果再配上同品牌的一款长裙，更突显您的气质，我建议您试一试。"顾客显然已经对小杨产生了信任，试穿了她推荐的长裙，搭配之后顾客也认为很漂亮，于是外套和裙子都买了。

临走的时候，顾客很感谢小杨的推荐，留下了自己的联系方式，约好如果有新款上架，请小杨及时告知。

这次愉快的销售经历让小杨更加热爱销售这份工作，并开始在上面花费更多的时间和精力，她的销售业绩自然也节节攀升。

小杨的成功在于她面对挫折时没有放弃希望，而是依然保持积极乐观的心态，继续为工作做充分的准备。而小张则遇到挫折再也无心前行，从而在成功的道路上掉队。这就如同特种兵训练或者执行任务一样，不能总想着之前的成功或者失败，而是要积极为下次任务做准备，这才是更有效地快速解决问题的正确做法。

机会总是留给有准备的人。作为销售人员更是如此，你必须保持积极的心态，做好全面的准备，以随时打一场有准备之仗。

积极备战，做好下一秒就战斗的准备

如果说准备是基础，那么备战就是准备之后紧接着要进行的工作。“养兵千日，用兵一时”，备战阶段就是我们落实准备的阶段。

在特种兵的世界里，有时候生存与死亡只在一瞬间，多么英勇善战的战士也不能保证绝无意外。特种兵们需要做的只能是尽量把意外发生的概率降到最低，他们的信条就是随时端好自己的枪。如果将这个信条引申至销售当中，那就是随时随地寻找客户，而且要积极奋战，把对产品的了解运用起来，这样才不会使之前的准备付之东流。

对成功的销售人员而言，工作和生活密不可分。金牌销售员善于在生活中工作，在工作中学习，在学习中生活……如此循环下去，才能够有巨大的收获。乔·吉拉德就是这样。

乔·吉拉德35岁开始从事汽车销售工作，15年里，他一共售出13 001辆汽车。乔·吉拉德在做销售时有这样一个方法：一年之中他不断地把印有“I like you!”的卡片发给他遇到的每一个人，最多时一个月发出16 000张。他幽默地说：“我的名字‘乔·吉拉德’一年出现在你家12次！你想买车时，自然就会想到我！”

乔·吉拉德还特别印制了很多和美元同一颜色的名片，这种名片能让人们联想到绿色的美元纸币，也让人很自然地记住了他的名字，如果想买车，脑海里第一个浮现的人自然是他。

乔·吉拉德还有一个有意思的习惯——撒名片，每次赶上重要的体育赛事，他都会随着人流进场，在人们欢呼雀跃的同时把自己的名片如同花瓣一样撒出去。他觉得，这种行为虽然怪异，却不失为宣传自己的好方法。

从中，我们了解了随时积极备战对销售工作的重要性。乔·吉拉德在生活中没有丝毫懈怠，犹如一名坚毅的特种兵，随时准备在下一秒大展拳脚。

销售人员不能等着客户找上门，应该主动出击寻找客户，如果时刻处于寻找客户的状态，就会发现客户其实就在你身边。如果你在这个行业里努力学习，积累了大量的相关知识，却没有发挥出来，那不是很可惜吗？

小唐是一家电视机专卖店的销售员，刚开始工作的时候，他非常努力，经常在工作之余翻看产品说明书，了解产品信息和维修知识。但是后来他的热情慢慢减退，不再那样用心地学习，接待客户也变得心不在焉。

小唐的变化并非由懒惰引起，而是他觉得自己的付出和业绩不成正比。如果再这样消沉下去，小唐或许很快就会失去这份工作。小唐的老板把这一切看在眼里，他觉得小唐只是一时的情绪波动，本质上小唐对待工作还是比较认真的，所以他决定帮助小唐弥补不足之处。

一天，店外站着一对衣着朴素的老夫妇，手里拎着刚买的水果蔬菜。他们在门口向店里张望，却迟迟没有进来。这时小唐正坐在柜台后面看手机，虽然他看见了这对老夫妇，但没有主动上前询问。就在这对老夫妇要转身离开时，店里的另一位销售员跑出去，热情地帮两位老人提东西，并询问他们有什么需要。

老人看到这位销售员很热情，就说他们岁数大了，眼神不太好，想买个大一点儿的电视机。这位销售员立即把店里满足他们要求的、性价比高的电视机推荐给他们。两位老人看了之后非常满意，也很认可这个销售员认真的态度。于是他们付了钱，约定好送货时间就离开了。

这时，老板走过去问小唐："刚才你明明看到了这两位顾客，为什么不去接待呢？以你的业务能力，一定也可以谈成这笔生意。"小唐说："我看他们的穿着，觉得他们不太可能买电视，可能就是想在门口看一看，所以就没去接待。"老板说："虽然他们穿着朴素，但并不代表他们对商品没有需求。你确实为销售电视做了很多准备工作，但你错在一直在准备，没有应用在工作当中，如果你能随时投入工作，一定可以找到更多的客户。"

经历了这件事，小唐思考了很久，他明白是自己错了，如果能始终保持"下一秒就投入工作"的态度，就不会错过许多潜在客户。想通了之后，他决心在以后的日子里改正之前的缺点，重新点燃对工作的热情。

许多销售人员或许都在积极为下面这些事情而努力：拼命赢得客户的信任，四处奔波争取业界的认可，苦苦反思寻求进步的方向，兢兢业业了解行业信息。不可否认，这些对销售工作来说都很重要，但还要记住更关键的一点，那就是商品卖不出去就不能叫作商品，所学的销售知识如果不付诸实践也不能称为知识。这就要求所有销售人员积极备战，做好下一秒就战斗的准备，在每一次销售过程中展现自己的工作态度和工作能力。

没有人是天生的销售员

相比其他比较稳定的工作，销售工作虽然薪资很高，但要想做出成绩并不容易。销售之所以难做，很大一部分原因在于竞争过于激烈。但即使在这种竞争激烈的环境中，还是有许多人取得了不错的成绩。当然，在这些人成功的背后同样存在难以想象的艰辛。

就像特种兵一样，他们并不是从一开始就能担当保家卫国的重任，他们也要经过艰苦努力才能肩负起伟大的使命。“宝剑锋从磨砺出，梅花香自苦寒来”说的就是这个道理。

销售人员也要经过打磨冲刷，才能变得坚不可摧。有些销售人员甚至经历了近乎重生的转折，才有了之后的风光无限。日本的“寿险女王”柴田和子就是这样一步一步走过来的。

柴田和子是日本家喻户晓的保险销售员，谁也不曾想到，在进入保险销售行业之前，这位寿险吉尼斯世界纪录的保持者只是一位普通的家庭主妇，甚至最初她心里是非常排斥保险销售的。

在柴田和子的那个年代，保险被视为走投无路才去“投奔”的行业，这使得当时深受传统观念影响的柴田和子对保险销售没有一丝好感。柴田和子是一个追求上进的人，在之前的工作岗位上也表现得非常优秀。人生的旅程就是这样的充满未知，柴田和子的想法在一次巧合中被改变了，那一天成为她人生的转折点。

事情要从柴田和子的表妹带朋友来家里做客说起，这位朋友供职于日本第一生命保险公司，她本来是想劝说柴田和子的表妹到保险公司发展，但由于表妹已经在其他公司上班，所以只好作罢。这样，这位朋友就把目标转向了身为主妇的柴田和子。

当时柴田和子的孩子还很小，她自己对保险销售又没有兴趣，加之自己还有其他工作技能作为保障，各方面的条件都显示柴田和子并没有选择做保险销售的必要。所以，她直接拒绝了对方的邀请。但表妹的朋友并不想就这样放弃，所以当她得知柴田和子的日文打字和珠算技能都属于一级时，就改用招募珠算员为借口，让柴田和子去做事务员，而且开出了高达 10 万日元的月薪。要知道，当时 10 万日元对一个普通家庭来说是一笔很可观的收入。

单纯的柴田和子并不知道这是销售员运用的招募手段，所以就痛快地应承下来。这件事也就成了柴田和子人生转折的开始。传奇人物绝不会有平凡的经历，接下来的事才是柴田和子走向人生巅峰的关键。

面试通过之后的第四天，公司通知柴田和子参加初级业务员考试，此时她才明白，原来自己要做的根本不是事务员。当时她既惊讶又气愤，但是很快就说服自己平息了怒火。冷静下来之后，她开始思考：如果不想在这里工作可以立即离职，所以不必这样生气。不过，既然来到这里已经是不能改变的事实，而且以自己的性格又不想没有做出任何成绩就退出，可以试一试，或许还能开辟新的天地。柴田和子的这个决定使她在保险行业前进了一步。

因为柴田和子家境一般，之前一家四口一直住在出租屋里。她特别希望能有一套属于自己的房子，让家人都过上安定富足的生活。

柴田和子为了一家老小拼命工作，但是工作的艰辛摆在眼前，要想出人头地谈何容易，所以她经受的是别人避之不及的历练。

“苦其心志”是迈向成功必须经历的，就像盖房子之前要打地基一样。柴田和子最早的心志之苦来自于一位脾气古怪暴躁的顶头上司。

柴田和子在这位喜怒无常的上司手下工作了 5 年。其间，她每天都生活在水深火热之中：上司无故地大吼大叫，经常将莫须有的“罪名”扣在她身上，这些都让柴田和子感到伤心难过。

尽管工作状况并不如意，但是想到家人还指望着自己，她便下定决心坚持下来，并开始积极想办法改变这种状况。她首先做的就是深入了解上司为什么脾气这么古怪。经过观察，她发现上司是一支棒球队的球迷，他的情绪随着球队的输赢而波动。摸透这个规律后，柴田和子在球队比赛胜利的日子跟上司接触。虽然上司还是会因为球队输球而发脾气，但柴田和子已经知道其中的原因，每当这时候，她就会急忙承认错误。面对她的忍让，上司也渐渐收敛了许多。就这样，一段时间之后，柴田和子和上司相处得越来越融洽，她的压力也随之减小。这可以称得上是柴田和子工作中的初步胜利，对她以后工作的影响深远。

柴田和子的努力和忍让终于让她得到了意外的收获。这位上司虽然古怪多变，但是他传授的经验总能使人受益匪浅，他对业务的精通以及断事技巧的高明，让柴田和子在他那里学到了很多受用终生的东西。在他的严格要求下，柴田和子更加用功，业绩突飞猛进。在上司退休之际，她已经成为“东京第一名”。1978 年，柴田和子摘取日本寿险销售第一的桂冠，并一直保持世界纪录至今。

柴田和子能取得骄人的成绩，靠的不是天赋或人脉，而是努力、超凡的耐力以及认真学习的精神。更重要的是，面对挫折，她坚持下来，并且一直保持积极的心态。面对困难时，她正视困难，想办法解决而不是逃避，就像英勇的特种兵，从不服输，从不退缩，直到成功。

不要觉得自己不适合做销售工作，只是你把困难看得太过不可逾越，很多比你成功的人只不过是比你心态好。

销售准备工作必作于细

“千里之堤，毁于蚁穴”，千里堤坝承汹涌骇浪、挡百丈波涛，看似坚不可摧，最后却毁在小小的蚂蚁洞上。这并不是说蚂蚁的力量有多大，而是说出现一个蚂蚁洞时没人在意，结果致使蚂蚁洞越来越多，使坚固的大堤一点点变得千疮百孔，最终毁于一旦。这就是缺乏对细节关注的危害。

特种部队在做战斗准备的时候，必须考虑到所有战斗中可能出现的状况，哪怕是最微小的细节也不能放过，都要一一想出应对方案。诸如弹药、环境、人质甚至是敌方首领的心理等因素都要考虑到，任何一项出现偏差都有可能导致整个计划失败，特种兵或许会因此付出生命的代价。

细节对销售人员来说同样非常重要，在销售过程中一定要考虑周全，否则就可能因大意而造成无法挽回的损失。

小贾是手表销售员，在这家表店已经工作一年多了。当时小贾之所以满腔热情地选择这个行业，除了想有一份收入不错的工作外，还源于他对手表的喜爱。

工作时间，除了接待顾客，小贾会经常浏览关于手表的网站或者杂志。在他看来，这些熠熠生辉的手表就是身份的象征，他会经常熟记一些手表的品牌或是流行趋势，他希望凭着自己的热情能够做出更高的业绩。

然而事实并非小贾想象的那样顺利。虽然每次有顾客来，小贾都会非常热情地招待、积极地讲解，但是他的业绩一直不太理想。小贾有些困惑，为什么自己明明很努力，既了解业务，对顾客又热情周到，业绩却怎么也上不去呢？直到一位顾客的到来，才让小贾明白了自己销售业绩不佳的症结所在。

那天一位老人来到店里，说想为自己挑选一款手表，请小贾为他推荐一款。小贾当即拿出那款柜台里价位最高的手表介绍说："这款手表是今年的最新款，您戴上它会显得非常有气质。"老人拿起手表看了看，说："有没有普通实用一点儿的款式，这款过于华丽了。"小贾拿起另一款，说："这款价位低且很实用，您戴上它会显得稳重大方。"老人又问："不知道是机械表好一些，还是石英表好一些？"这个问题让小贾有些慌张了，因为他平时关注的大多是一些关于手表的时尚类信息，并没有关注过机械表和石英表的差别，所以他一时语塞。这时，老人说道："看来是你的工作没有做细致啊，我改天再来吧。"

老人走后，小贾独自站在柜台前，思量着他说的话，他忽然发现自己一直以来都在盲目追求销售业绩，对产品却从没有过实质性的了解。之前的许多客户或许就是这样从手中溜走的。

小贾确实是很努力地想要做出成绩，但是努力的方向不对，最终事与愿违。细致的准备工作是销售成功的关键，一些销售人员正是因为自己准备工作做得仔细认真，才获得了客户的认可。

刚刚毕业的小李在一家音像电子产品商店实习。由于电子产品更新换代很快，所以老板要求销售人员随时掌握商品的更新情况，准备工作要做得非常细致。

小李做事严谨认真，他经常参照店里的进货列表，一步步地了解每款刚刚到货的产品，包括产品的性能、质量以及哪些产品可以组合销售、哪些产品可以拆分销售，等等。就是这些看似不起眼的细节，在小李的工作中起到了重要的作用。

一天，店里来了一位男顾客，想买一部新款手机，并指明是要送给女儿的。小李立刻从柜台里拿出一部粉红色的新款手机递给这位顾客。顾客拿在手里看了看，觉得很不错，不过他还想了解更多产品信息，于是便问小李这款手机和同品牌的老款有什么区别。小李立刻详细地解答："首先是材质上的不同，旧款是塑料外壳，新款换成了金属外壳并做了磨砂处理，手感更好且更耐用。而且，新款的手机屏幕更大一些，分辨率也更高，看视频更清晰。"听到这，顾客点点头，对小李的解释很满意。顾客又说，女儿平时喜欢听歌，不知道这款手机的音质怎么样。小李立刻拿出耳机，让顾客亲自试听。顾客一听，更加满意了，当即决定买小李推荐的这款。可正当顾客要结账时，小李又问了一个问题："请问您女儿的身高是多少？"顾客回答："女儿 18 岁，长得很高，已经一米七了。"听到这，小李对顾客说："是这样的，先生，这款手机所有的配件都是标配，但是按您女儿的身高来算，这款手机的原装耳机似乎短了一些。现在我们这有一款同类插口的加长版耳机，音效也很不错，而且更适合您女儿的身高，她戴上之后更舒适。”说着就从柜台里把耳机拿了出来，顾客一看，这款耳机线果然很长，而且音效也不比原装的差，于是决定一起购买。

结账的时候，这位顾客夸赞小李：“小伙子不错啊，这么多产品你都能记得这么细致，真是不简单。”

小李不仅对产品有全面细致的了解，还能考虑到顾客的购买需求。如此细心，自然在工作中游刃有余，业绩突出。

从以上两个案例中不难发现，销售量的多少并不完全取决于工作时间的长短，更多地取决于工作时的态度以及备战阶段的细致程度。小贾的失败在于他只着眼于大方面，小李的成功则得益于他不放过任何细节。

所以，销售人员一定要时刻保持冷静，认真思考。要谨记，销售准备工作必作于细。

认清自己，剔除心态中不适合销售工作的部分

众所周知，特种兵的训练异常严格，无论严寒酷暑，风雨交加，再恶劣的天气也不会打乱他们的训练计划。如此严酷的特训难道只是为了拥有强健的体魄吗？当然不是，还有一个更重要的目的，那便是磨炼意志。磨掉每个人自大、自卑、恐惧等负面心理，从而沉淀下来，这才是合格的特种兵应该具备的素质。

同样，如果决心走上销售之路，就要有改头换面的决心，剔除内心所有不利于销售工作的障碍，这样才能真正成为 名销售人员。

通过观察不难发现，金牌销售员大都是以乐观的形象出现在人们面前，他们之所以能够拉近与客户的距离，就是因为他们有一种让人感到舒服的亲和力。所以从事销售工作首先要驱散心中的阴霾，展现积极阳光的人生态度。

阿威是个非常内向、沉默寡言的人。从一所技术类学校毕业后，学校为阿威推荐了好几次工作，可最终都因他不善于交流而没能成功就业。其他同学大都在学校的推荐下走上了工作岗位，最后只剩下阿威。

阿威待业了两个月，始终没找到工作，仅有的一点儿积蓄是大学期间省吃俭用攒下来的，这两个月也花得所剩无几。如果再找不到工作，阿威或许就得回农村老家了。情急之下，阿威找了一份门槛相对低一些的首饰销售工作。

其实阿威很清楚，自己的性格并不适合做销售员，但他走投无路了，再难也要试一试。好在老板看阿威忠厚老实，比较踏实，决定给他一次机会。对首饰店来说，聪明机灵的员工必不可少，忠厚踏实的员工同样不可或缺，因为这个行业销售的商品有些特殊——都比较贵重。

刚上班那段时间，阿威非常不适应。每当有顾客进店，他做的不是马上迎上去，而是下意识地往后退。没有顾客的时候，他就一个人在那静静地看首饰介绍。就这样，一晃一个月过去了，阿威一件首饰都没卖出去。

一天店里来了一位老顾客，他是老板的熟人，经常光顾这里。正巧当时店里的其他员工都在休息室里吃午饭，只有阿威一个人和保安在看店。这位顾客知道阿威是新员工，而且有些腼腆，所以决定帮帮他。他走到柜台前对阿威说："小伙子，我想买件首饰送人，帮我推荐一下。"

阿威拿出一款项链，支支吾吾地说："您看这个怎么样？"顾客略显惊讶，他没想到阿威竟然这样内向，于是笑着说："你还没问我买首饰是要送给什么人呢？是朋友还是家人？是男是女？老人还是年轻人？"

阿威一脸茫然，有些不知所措，就把这些问题小声地问了一遍。原来，这位顾客是要买件礼物送给自己刚刚大学毕业的女儿。阿威自己也是刚刚毕业，内心不由得与这位顾客亲近了一些，他说："您的女儿刚刚大学毕业，一定年轻漂亮，一般来说年轻的女孩都不太喜欢黄金饰品，觉得黄金显得老气。她们更喜欢彩金饰品，这类首饰显得她们时尚又有活力。正好我们店里刚进了一款彩金镶水钻的项链，款式很好看，送给您女儿正好。”阿威虽然性格内向，但心特别细，同学们的喜好都记在心上。

说着他就从柜台里把项链拿出来。这位顾客看起来非常感兴趣，拿在手里仔细看了又看，然后说道：“好，就这条吧。”阿威喜出望外，自己终于卖出了第一件饰品，做成了第一单，于是他迅速地把这条项链包好交给顾客。顾客临走时对他说：“你真的非常适合做销售工作，不但很了解行情，还懂得揣摩消费者心理，如果能把内向的小毛病改一改就更好了。”

听到顾客的夸奖和鼓励，阿威十分开心，也深受启发：原来自己也可以做好销售，自己并不比别人差。从那之后，阿威经常练习微笑、沟通、倾听。半年后，他的销售业绩有了很大的提升。

通过心态的调整，阿威成功地改变了自己的工作状态，慢慢成长为一名合格的销售员。对阿威来说，消极情绪是工作中必须清除的部分，否则工作就很难有任何进展。

当然，凡事都要有一个限度。销售工作中，积极主动一些是应该的，但如果过分积极有时候也会事与愿违。

小梅是数码相机导购员，她是个性格开朗的姑娘，在工作中表现得非常热情。在业务方面也是出类拔萃，她比大多数导购员都更了解产品信息。但是小梅的热情并不总能帮她赢得客户的认可，有时候反而会帮倒忙。

有一天，小梅的柜台前来了一群顾客，从他们的谈话中，小梅了解到他们是一群想去旅游的小伙伴，临时过来买一部相机。小梅认定这单生意十拿九稳，如果运气好，说不定还能多卖几部。看到这几个人似乎看中了一款相机，小梅立即向他们进行了一番详细的介绍，从相机的功能、特点、适合的拍照场景乃至生产厂家的信息，小梅全都事无巨细地介绍得十分到位。

就在小梅沾沾自喜，觉得自己的专业知识一定能打动顾客的时候，却发现他们似乎并没有表现出太强的购买欲，其中一个人淡淡地说了一句："这款太大了。"小梅急忙又拿出一款比较轻便的相机，滔滔不绝地讲起来。但是这些顾客似乎早就失去了耐心，出于礼貌听完小梅的介绍后说："今天先不买了，我们再看看其他的，谢谢你。"

错失了这单生意让小梅有点儿灰心，她开始思考自己之前的表现，可是想了半天也没想出来究竟是哪个地方出了错。这时，旁边一位资深销售员告诉她："你刚才只顾着兜售自己的专业知识，却忘了去了解顾客的需求。"小梅幡然醒悟，的确，自己刚才是热情过度，把销售的最基本要素都忘了。

热情本没有错，但是小梅的热情显然盖过了顾客的需求。销售最根本的目的是成交，销售人员的专业知识再多，态度再热情，如果没有办法把商品推销给需要它的人，一切都是枉然。

因此在销售过程中，作为销售人员，一定要时刻认清自己，学会扬长避短，剔除影响销售的因素，这样才能在销售的道路上走得更远。

勤能补拙，永远比别人准备得更充分

“慢鸟先飞早入林”，如果自身的起点低，就应该更加努力，才不至于落于人后。天道酬勤，如果你能将勤奋放在首位，就能弥补许多不足之处。

勤奋是特种兵的特质，为了生存，为了不辱使命，他们每天跋山涉水，刻苦锻炼，在巅峰对决时，才能克服一切不利形势，成就胜利的传奇。

成功者并不都是天生的强者，他们有可能物质匮乏，没有背景，甚至穷困潦倒，但是勤奋让他们最终摆脱了命运的设定，开创了全新的人生。

销售行业有这样一种人：他们曾经濒临绝境，尝尽同行的冷眼和客户的嘲笑，最终他们凭借勤奋努力和谦虚求教崛起，甚至成为业界传奇。日本寿险业的“推销之神”原一平就是这样一步步走过来的。

原一平的家境富裕，又是家里最小的孩子，从小就恃宠而骄，不服管教。他经常在村子里惹是生非，甚至连老师都不放在眼里。可以说，童年时代的原一平几乎没遇到过挫折和打击。

到了自立年纪，原一平不得不独自外出闯荡。23 岁的原一平离开家来到东京，他渴望凭一己之力干出一番大事业。

几经周折，他找到了一份销售工作，他高兴地认为自己终于能出人头地了。不料人心险恶，这家公司是专门骗取保证金和会费的骗子公司。原一平第一次吃了没有阅历的亏，这次遭遇让本就没有多少积蓄的他更加穷困。

1930 年，27 岁的原一平迎来了一次人生转折的机会。这一年，他来到明治保险公司，向面试官投递了一份简历。主考官上下打量了原一平一番，对身高 1 米 45 的他似乎并不满意，便旁敲侧击地希望能够把他劝回去。

原一平当然不甘心，他觉得不让他试一试就否定他是不公平的。后来在他的坚持下，面试官勉强答应留下他。

明治保险公司的推销员每月要做到 1 万日元的业绩，原一平也以这个标准要求自己，这是他勉强得到了这份工作的前提。

1 万日元在当时不是小数目，而且原一平初入保险业，作为“见习推销员”既没有客源也没有经验，还得听从公司老员工的差遣，所以要完成这个任务可谓异常困难。从入职那天算起，原一平整整 7 个月没有一项业绩，他自然也没有拿到分文。在这段艰苦的日子里，原一平把能省的钱全省了：走路上下班，不吃午餐，不租房子，睡在公园的长椅上。应聘时面试官的轻蔑，原一平记忆犹新，就像烙印在脑海里，抚平伤痛的唯一方法就是勤奋，因为勤能补拙，自己的劣势只有勤奋才能弥补。

“不能让人看不起”是原一平最初坚持的信念，必须让所有人看到自己可以做好保险推销员。

在那段日子里，每天凌晨 5 点，天刚蒙蒙亮，人们就能看见一个矮小而矫健的身影精神百倍地前往明治保险公司。

一路上，原一平微笑着跟每一个见到的人打招呼，这种精神感染到原一平的第一位客户。他是一位衣着得体的绅士，每天都能碰到原一平，原一平每次都向他问好。一段时间之后，他决定请原一平吃早饭，但是原一平委婉地谢绝了他的邀请。后来他了解到原一平是一位保险推销员，就决定将自己的人寿保险投到这个活力四射的年轻人手里。就这样，原一平签了第一张保单，并在这位绅士的帮助下签了很多单生意。

转折就这样出现了，原一平从黑暗走向了光明。

之后，原一平在 3 年内创下全日本第一的销售纪录，保持了 15 年的全国销量冠军，连续 17 年销售额达到百万美元。很多人不知道全日本 20 家寿险公司总经理的姓名，却没有一个人不认识原一平。

其实原一平的劣势相当明显，身高问题使人们几乎不愿接近他，加上自己又没有积蓄支撑生活，这种条件下要胜任销售这种难度颇高又没有工资的工作是十分艰难的。然而，勤奋终究力挽狂澜，在勤奋面前，一切的困难都不足挂齿。

先天条件不好如何？穷困潦倒又如何？只要你积极努力，这些都不重要。勤能补拙，比别人准备得更充分，你就会取得更大的成功。而那些极具天赋的人如果不勤奋，也会沦为碌碌无为者。

第3章

勇敢："狙击"关键客户时，心态比技能更重要

面对盛气凌人的客户，你是否有勇气和他沟通？客户看好某款商品，你是否应该提起勇气告知对方该商品的不足之处？当意识到客户对我们的推荐感到厌烦时，你是否有勇气继续努力？

可以说，在某些情况下勇敢左右了成交的结果。面对客户各种理由的拒绝，如果你能勇敢地再试一次，或许就会成功。

所以，做销售仅有技巧是不够的，有时候还需要更勇敢一点儿。

销售是从被拒绝开始的

对销售人员而言，最不愿面对的或许就是客户的拒绝。客户的拒绝会严重打击销售人员的自信心和积极性，对意志不坚定或心理承受能力差的销售人员来说，频繁被拒绝很容易因此产生消极心理和负面情绪，如此一来，销售自然就会变成不可能完成的任务。这时候心态的作用就会再次显现，面对客户的拒绝，一定要学会在拒绝中寻找希望、在拒绝中成长。

特种兵在情绪消沉的时候必须马上调整好心态，只有时刻保持乐观才能使他们坚持下去。销售人员面对客户的拒绝就如同特种兵面对上级的训斥，这都是不可避免的情况。既然不可避免，就试着去接受，要知道，拒绝是每个销售人员都会经历的。

有时候，客户的拒绝并不是真的否定，而是希望以拒绝的方式压低价格。比如，客户会说："它好是好，可是价格太高了，我实在接受不了。"类似的拒绝恰恰说明他对这件商品感兴趣，那么作为销售人员就应该重新考虑客户话中的含义。这时候需要做的就是积极地向客户讲解产品价格高的原因，让客户进一步了解产品的价值，让客户觉得物有所值促进成交。

如果客户确实对产品本身不满意，也不要转为冷淡地对待他。每一位客户的身后都有上百个可以发展的关系，销售人员不仅要卖产品，还要卖服务、卖品牌、卖价值。这位客户不满意，或许他的朋友会有不同的看法。

如果去某位客户的家中拜访，推销产品，他说："我现在很忙，不想了解你的产品。"但是你清楚地听到屋里开着电视，放着音乐，主人处于闲暇的状态。这时，你就可以说："我只占用您 5 分钟时间，如果时间到了，您不满意，那么我马上离开。"这看似是一句不起眼的话，可是 5 分钟就有可能让客户对你的商品提起兴趣，成交的概率自然会加大。

当然也不排除客户确实对产品不感兴趣的情况，在这种情况下，我们就应该寻找其他话题作为切入点。和客户聊得越来越投机，等他放下戒备，再慢慢引入产品话题，效果会更好。

小段就职于一家保险公司，虽然工作时间不长，业绩却很不错。小段希望进一步拓展客户群，于是在朋友的帮助下，得到了去某公司做宣讲的机会。

但是没想到他刚去就碰了钉子，那家公司的经理对保险不仅不感兴趣，而且有些反感，经理只是简单向员工们介绍了一下小段，就离开了。员工们似乎也没有人想要了解保险，小段一个人站在办公室里有些茫然，不知下一步该做什么。他特别希望这时候能有个人说句话，好让他继续介绍保险产品。

正当小段思考着是不是要主动说点儿什么的时候，有个员工冷漠地说了一句："回去吧，我们都不想买保险，而且现在是午休时间，我们需要休息。"虽然是一句冷冷的回绝，但也让小段找到了台阶，他连忙说道："您不买保险也没关系，只是我想继续在这里待一会儿，因为我要等一个朋友来找我。"这句话说得非常随和，让办公室的气氛不再那么尴尬了。

这时候，小段发现刚才说话的那位男士的办公桌上摆着一本运动杂志，于是便笑着说："看来您一定是位运动健将。"这位男士一听，话匣子一下子打开了："是啊，我当年可是学校篮球队的队长。"在之后一小时的午休时间里，他俩聊了许多关于篮球的话题，从 CBA 聊到 NBA，又聊到了上学时一些打篮球的趣事。通过聊天，小段还了解到，这位男士不仅喜欢篮球，而且很喜欢极限运动，比如蹦极。

聊到蹦极，这位男士聊天的兴致更高了。过了一会儿，小段看准时机，问道："您知道的真是太多了，那您觉得在蹦极运动中最重要的是什么？"这位男士脱口而出："那还用说吗？当然是那根绳子了，没有绳子保护，谁敢玩啊！"

小段苦等的机会终于来了，他启动了自己的销售计划："其实我们的保险就相当于蹦极时候的那根绳子，作用都是保护您的人身安全。您往下跳寻求刺激时能保证您平安无事的正是它，您现在买保险，就相当于加固了您生命中的那根绳子。"

这位男士听了这番话后若有所思，点头承认保险是非常必要的投资。之后一段时间，他们又联系了几次，最终他接受了小段的推荐，购买了一份保险。

小段依靠良好的心态赢得了业绩，他没有把客户的拒绝当作负担，而是选择直面困难、解决困难。客户的拒绝并不是绝对的，很多时候是因为他们不了解产品的价值。这时，销售人员应该把价值跟客户讲清楚。客户的拒绝并不可怕，不知道他们为何拒绝才是最可怕的。

可是实际销售工作中，许多销售人员并没有弄明白这个道理，他们因为怕被拒绝，不敢跟客户进一步交流，结果只能在胆小怯懦中失去一次又一次机会。

小雪是一家房产公司的经纪人，性格腼腆。她工作非常努力，但由于胆小，业绩一直不理想。

有一次，小雪和同事出去发宣传单，由于天气很冷，来来往往的人都把手揣在兜里取暖。小雪见状认为这种天气不会有人伸出手来接宣传单，就这样，因为怕被拒绝，小雪站了半天一张宣传单也没发出去。跟她一起发宣传单的同事却很积极，跑前跑后，虽然收效甚微，但还是发出去了一些。有一位男士从小雪的同事手里接过宣传单后问道："这个楼盘的具体位置在哪儿？开发商是谁？"小雪的同事说："这个楼盘临近国道，交通方便，开发商是××公司，是本地最大的房地产开发商。这次我们推出的项目房源有限，如果您感兴趣，我们有专车送您去看沙盘和样板间。"这位男士似乎有些动心，又接着问了一些比较详细的问题，比如楼间距、容积率、绿化率、物业费。最终，这位男士在小雪同事的带领下去参观了沙盘和样板间，并签订了购房合同。

事后，小雪的同事问她为什么不主动发宣传单，多发一些，没准也能碰巧遇到有意向的客户。小雪说："我想当时天气那么冷，怎么可能有人伸手拿宣传单啊。我怕被别人拒绝，所以不敢主动伸手。"同事叹口气说："那种天气伸出手拿宣传单的人，才是对房子感兴趣的人，天冷其实是发宣传单找客户的最佳时机。"

销售被拒绝是再正常不过的事情，关键在于用什么心态面对这些拒绝。如果能把拒绝当作挑战，想办法超越它，那么总有办法战胜它；如果把它当作屏障，任由它挡在你面前，它永远不会自动消失。

识别并处理客户异议

从某种角度来说，销售的过程就是处理客户异议的过程。唯有跨过异议的河，你才能到达胜利的彼岸。

俗话说“知己知彼，百战不殆”，这八个字，特种兵永远铭记在心。销售员要想消除异议，先要了解异议的来源。多数时候，客户并不会将他说“不”的真正原因告诉你。这需要你火眼金睛地识别。那么如何识别异议，以便“对症下药”呢？

需求

客户认为自己不需要。注意，是“客户认为”，它往往是在销售员向客户介绍产品之后，客户当面拒绝的反应。例如，一位女客户提出：“我的皮肤很好，我不需要护肤品。”“这种产品我用不上。”“我已经有了。”这类异议有真有假。真实的需求异议是成交的巨大障碍。销售员如果发现客户真的不需要，就应该立即停止推销。

虚假的需求异议既可表现为客户拒绝的一种借口，也可表现为客户没有认识到自己的需求。销售员应谨慎判断客户需求异议的真伪，面对持虚假的需求异议的客户，设法让他觉得你提供的产品或服务符合其需求，使之动心。

财力

财力有限，有时候并不会明确地说出来；直接表明自己资金紧张的，也不见得真的没钱。这就要求销售员具备极强的察言观色的能力。一般来说，对于交易额较大的业务，销售员在寻找客户的阶段就应该进行甄别、筛选。

真实的财力异议的处置较为复杂，销售员可根据具体情况，或协助对方解决支付问题，如答应赊销、延期付款，或通过说服客户使其觉得购买机会难得而负债购买。对于作为借口的异议，销售员应该在了解真实原因后再有的放矢地处理。

权力

“拜”了半天，才知道自己“拜错了菩萨”：我做不了主，领导不在……没有什么比这个更让人沮丧的了。与需求异议和财力异议一样，权力异议也有真实或虚假之分。

如果真的“拜错了菩萨”，销售员除了想办法找到“真菩萨”外，还需要反省自己的工作方法。在寻找目标客户时，销售员应该仔细分析客户的决策权力，找准决策人。向没有购买权力的客户极力推销是销售工作的严重失误。

价格

无论产品的价格高低，总有些人会说价格太高、不合理。例如，“太贵了，我想等降价再买。”“我想买便宜点儿的。”“我不打算投资那么多。”“你们的价格比另一家公司的报价高很多。”

客户提出价格异议表明他有意购买，只是对产品的价格不满意。当然，也不排除以价格高作为拒绝的借口。在实际推销工作中，价格异议是最常见的，销售员如果无法处理这类异议，就难以达成交易。

产品

产品异议是指客户认为产品本身不能满足自己的需求而形成的一种反对意见。例如，“我不喜欢这种颜色。”“这个产品造型太古板。”“新产品质量都不太稳定。”还有对产品的设计、功能、结构、样式、型号等提出异议。

产品异议表明客户对产品有一定的认识，但了解还不够，担心这种产品能否真正满足自己的需求。因此，虽然有比较充分的购买条件，客户就是不愿意购买。在这种情况下，销售员一定要充分掌握产品知识，准确、详细地向客户介绍产品的使用价值及其利益，以便消除客户的异议。

销售员

有些客户不肯签单，只是因为对某个销售员不“感冒”：他不喜欢这个销售员，因此排斥这个销售员的建议。之所以出现这种情况，原因之一是客户有自己认可的销售员，比如客户说“我要买老王的”，这种状况下，销售员唯有以诚相待，与客户多进行感情交流，做客户的知心朋友，消除异议，争取客户对自己的认可继而合作。需要注意的是，不要试图用诋毁“老王”或其产品的手段赢得客户，这一招往往会适得其反，而且后患无穷。

另一个原因是销售员的表现没有获得客户的认可，客户不喜欢或不信任该销售员。这时，销售员就应该反省自己的行为，同时分析客户的喜好，尽量用言辞与行动博得客户的“芳心”。

货源

有时候，客户会说：“我用的是某某公司的产品。”“我们有固定的进货渠道。”“买国有企业的产品才放心。”客户提出货源异议，表明客户愿意购买产品，只是不愿向眼下这位销售员及其所代表的公司购买。当然，有些客户是利用货源异议来与销售员讨价还价，甚至利用货源异议拒绝销售员的推销。因此，销售员应认真分析客户提出货源异议的真正原因，有针对性地处理货源异议。

购买时间

客户不愿意马上做出决定：“让我再想一想，过几天答复你。”“我们需要研究研究，有消息再通知你。”事实上，许多客户用拖延来代替说“不”。拖延的真正原因可能是价格、产品或其他方面不合适。有些客户还利用购买时间异议来拒绝销售员的接近和面谈。因此，销售员要具体分析，认真处理。

如何再访拒绝过你的客户

被客户拒绝是常态，但凡大一点儿的单子都需要多次拜访才能做成。那么销售员再次拜访客户时应该注意哪些方面呢？

巧妙使用问候信息

微信、电子邮件、电话都是不错的“敲门砖”，即使是在初次谈话时粗暴拒绝你的客户，都要献上这一份温暖的心意。再次拜访之前，如果希望有所突破，就赶快致以问候吧，诚挚的问候用语是最理想的。

要保持与客户的沟通，“失联”时间越长，再次拜访就越难打破僵局，所以一个微信表情、一封电子邮件、一个电话都能表达诚挚的问候。适时地问候，然后不要拖延再次拜访的时间，拖延只会使事情变得更为艰难。想到就做才是金牌销售员的行事风格。

下定决心，直接再访

“有一阵子没有联络了，再去直接拜访，确实不好意思。”千万不要有这种担忧，与客户面对面地商谈才是最有效的。

在拜访长时间没有往来的客户时，要注意察言观色、适时告辞，切忌死赖着不走。除非对方兴致很高，或明确表示留你，你才可以多待一会儿。在客户说话时，你不仅要倾听，还要表示颇有同感，或适时地提出你的疑问。人们对倾听中产生共鸣的人很容易敞开心扉。

再次拜访吃了闭门羹，也要恭敬地告辞，气愤的言论等于自己抽自己的耳光——说不定还真会招来耳光。礼貌地告辞，有时客户反而会觉得不好意思。

忍耐、忍受、容忍也是非常重要的条件，当客户不在或忙碌的时候，别忘了留下名片或是用有公司抬头的信笺纸留言。

与上司同行

在拜访许久未联络的客户时，如果对方的态度冷淡，不妨隔几天后与上司一同前往再次拜访。连上司都出马了，客户会觉得自己受到重视，自尊心得到满足，成交可能性自然就大多了。特别是对于傲慢的客户，这一招有良好的效果。此外，与上司一同拜访时，不妨学学上司的应对方式。

销售是勇敢者的职业。被拒绝，再拜访；态度冷淡，还是要再继续拜访。一而再、再而三地尝试说服客户。销售成功的过程摆脱不了这个模式，每个成交的背后都有销售员的汗水。

读懂客户的心理

美国“三角洲”特种部队堪称美军特种部队中的“双刃剑”，因为它的编制虽为特种作战部队，但同时还具有反恐的功能。从创立之初，“三角洲”特种部队就以精锐著称。“三角洲”特种部队的队员均来自于一线作战部队或其他特种部队，其训练科目除侦察、爆破、空降、泅渡、格斗、攀登、驾驶、射击等常规的特种训练项目外，还包括心理战的培训与演练。

分析并把握住对方的心理，就能通过心理干预让事件朝有利于自己的方向发展。从销售学的角度来说，客户的心理可以分为以下几种。

趋利心理

追逐利益是人的本能，这种心理既表现为正常的追逐利益，也体现在人们占便宜的欲望。如消费者都希望从商家那里得到一些额外的好处，针对这一心理，销售员应该设置一些优惠打动客户。

避害心理

除了趋利，人人都有远离损失、远离灾祸的要求，谁也不希望置身于险境，或者蒙受意外的损失。这是一种风险意识，能够激发人们的购买欲。例如，下雨天，人们就有购买雨伞的需求，生病就有治疗的需求，害怕意外就有买保险的需求。

从众心理

即便是力排众议的强势人物也有从众心理，一只角马跳下马拉河之后，立即就有成群的角马跟上。如果没有这第一只角马，那么渡河就会是漫长的等待。

同理，人类也有这种从众心理，比如罪犯在人多势众的时候肆无忌惮，而他势单力薄的时候就异常脆弱。群居让我们有安全感，大多数人的选择让我们觉得踏实。消费者总认为大部分人的选择是对的。

虚荣心理

人们都希望在他人面前光鲜亮丽，即使消费能力不足，也想通过购买某种商品来标榜自己或者得到某种表面的认可。比如，年轻女孩收入不高却喜欢购买奢侈品。

好胜心理

人们都希望自己比别人强，在别人面前处处占上风，有时候表现出好为人师的一面。如果你在与客户的交谈甚至争论中有意让客户取胜，或者装作虚心向客户请教，那么客户就有可能扬扬自得地买下你的产品，反之，即便客户有购买需求，因争论处于下风，他也会打消购买的念头。

毒品心理

毒品心理是一种依赖心理，由于各种原因，客户可能拒绝购买某种产品。这时，可以通过试用培养客户的依赖性。客户使用几次后，不再排斥产品，甚至会觉得这种产品必不可少，这时自然会打开钱包。

认定对方就是你的客户

销售人员应该牢记一句话：每一位踏入店门的客户都是对产品感兴趣的人，你要做的就是把兴趣转化为成交的动力，认定对方就是你的客户。

认定客户就是确定一个目标，然后集中精力朝目标努力。有目标的练习比盲目的练习效果好很多。特种兵在进行跳远训练时，教官会在很远的地方画一条线，让他们以此为目标训练。

销售人员要认定的那条“线”就是潜在客户，所有站在你面前的客户都不能轻易失去。要尽量留下对方的联系方式，或许他只是来咨询一下，甚至只想对比一下手中同款商品的价格，无论是哪种情况，都说明这是一位值得挖掘的潜在客户。联系方式是销售人员与客户沟通的桥梁，所以一定不能让这种联系断掉。如果遇到客户不肯留联系方式，一定要在详细介绍产品之后将自己的联系方式留给对方，这样做才可能让对方在有购买意向时第一时间想到并找到你。

每位客户的身后都隐藏着庞大的客户群，所以在与每位客户交流时都要一并推销公司形象、产品质量、自身服务……以此赢得更多的潜在客户。

还有一点必须记住，在与客户的交流即将结束的时候，不论客户是否签单，都要彬彬有礼地对待他们，这种礼节是销售人员必备的素质。

"谢谢惠顾""欢迎下次光临""您慢走"之类的礼貌用语，能让对方感到温暖舒畅。

因此，认定一位客户，就要用百分之百的努力去对待，不论结果如何，都不能轻易放弃。

齐姐的香水生意做得风生水起，但就在一年前，她还只是一名普普通通的香水销售员。我问她："这短短一年时间，您是怎么做到自己当老板的？有什么窍门吗？"齐姐笑着说："哪有什么窍门，如果说成功的方法，其实也很简单，那就是看准客户就不要放手。"接着齐姐给我讲了一个她当初做销售员时的例子。

当时正值盛夏，齐姐和店里其他销售员外出宣传店里的产品。由于天气炎热，同事们都躲到阴凉的地方，齐姐的任务是摆宣传牌、发宣传单、喊宣传语，所以她必须站在烈日炎炎的路口，那里人流量最大，宣传效果最好。齐姐一边擦汗一边发宣传单。

一对年轻夫妇恰好站在齐姐摆宣传牌的路口等绿灯，女士看了一眼齐姐的广告牌，说："你好，请给我一张。"齐姐觉得这是个机会，于是立刻把宣传单递过去，她刚想为这位女士介绍香水，却发现她只是要一张宣传单遮挡阳光。

齐姐并没有因此灰心，而是想到了一个巧妙的方法。她又抽出一张递给了那位男士："您也拿一张吧，这会儿太阳最毒了。"男士会意，笑着接过了宣传单。齐姐抓住机会说道："这款香水是进口的知名品牌，有驱蚊的功效，而且很清淡，非常适合男士。"

这时候绿灯亮了，男士说："谢谢，不好意思，我们该走了。”齐姐并没有放弃，她跟着这对小夫妻朝马路对面走去，边走边继续说：“看你们年轻真好，这种香水就适合你们年轻人，像我这种岁数大的就用不上了。”小夫妻俩听到齐姐这番话，大约是觉得眼前这位大姐确实不容易，就稍微放慢了脚步。齐姐接着对男士说：“您这么年轻，喷上这款香水会更显得阳光有活力，运动之后的汗味也能遮住；您太太这么漂亮，我这有一款女士专用的清香型，喷上之后更显气质。”

齐姐这么一说，两人都有点动心了，但因为天气太热，他们不想在街上站太久，就问齐姐可不可以到旁边阴凉的地方再听她介绍。齐姐立刻把他们俩带到树荫下，并为他们介绍了好几款不同香型的香水。最终，小夫妻俩根据齐姐的推荐各自买了一瓶适合自己的。临走，他们还向齐姐要了名片，说下个月他们表弟要结婚，到时候他们想买瓶香水送给表弟。

就这样，在不放弃任何一个客户的准则指导下，齐姐的销售业绩越来越出色，最终依靠自己做销售工作的积蓄开了一家香水店。

试想一下，当那位男士说“我们该走了”的时候，齐姐没有跟上去，而是默默地目送他们离开，齐姐的销售结果就会变成另外一种模样。齐姐后来告诉我：“即使当时那对小夫妻没有买我的香水，我也不会后悔跟他们走了一路。因为我认定他们就是我的客户，即使这次不买，也许以后会买，我不会轻易放弃任何一个潜在客户。”

确实，如果没有这份执着，销售工作很难有成绩。客户只要是看了一眼商品，就说明他被商品的某些特质吸引了，有可能是外观、功能、形象代言人，也有可能只是听别人提起过。无论哪种情况，都是你展示产品的机会。保持积极的心态，认定对方就是你的客户，你就有可能获得成功。

做好放长线的准备

业绩是销售人员的命脉，业绩越高，回报越多。但有些销售人员被业绩束缚，过度压榨某一客户的价值，结果造成客户的一次性消费。如果他们多从客户的角度出发，积极跟进，必定能够使更多的客户成为回头客。

就像在阻击战中，特种兵如果发现一位敌方的翻译或者副官，绝不会立即开枪，因为这些人活着会有更大的价值，他们后面往往有更大的军官，可以“放长线，钓大鱼”。

销售工作要做的是通过产品质量、服务、专业度这些“长线”，增强用户黏性，而不是一味地压榨客户价值。过度压榨只会导致客户迅速流失，并且使口碑下降、收益降低。

“长线”其实是一个积累的过程，即以销售人员的行为体现产品的品质，从而使客户放心地购买。从某种程度上说，能否成为一名合格的销售人员，要看能否抓住客户的心。而要达成这一目标，就一定要保持积极的态度，要有耐心、有责任感。

娜娜是一家首饰店的销售员，虽然刚工作时间不长，但是她活泼开朗的性格颇受同事和客户的喜爱，她几乎和每位客户都能成为朋友，所以也就吸引了很多回头客。

有一天，一个女孩走进店里在柜台旁看了一圈，却一直没决定要买什么，似乎有些犹豫。娜娜走过去微笑着问："请问需要什么帮助吗?"女孩抬头看了看娜娜，说："今天我约了一个老同学见面，但是不知道该怎样修饰一下自己才显得更有魅力。"娜娜问："一定是位男同学吧?"女孩有些羞涩地点点头。娜娜说："是要显出什么样的魅力呢?可爱的，还是有女人味的?"女孩说："最好都有吧。"从这几句对话中，娜娜已经确定这个女孩要去见的是她的心上人。

于是娜娜从柜台里拿出一条项链，说道："女孩子要看着清丽脱俗才会可爱，典雅又不张扬才有女人味，你看这款银项链，不奢华却显贵气，不张扬却显得活泼，而且很衬你的肤色，你可以戴上试试看。"女孩接过项链，戴上一看，果然觉得非常合适，当即就买下了。结账后，娜娜和女孩互留了联系方式，同时对女孩说："如果有什么首饰保养方面的问题，可以随时联系我。"女孩很高兴地离开了。

过了两天，娜娜给女孩打了一个电话："前两天买的那条项链派上用场了吗?"女孩开心地说："他看了之后说我品味脱俗，我们已经正式交往了。"娜娜也很替她高兴。

过了一个月左右，有一位穿着得体、成熟稳重的男士来到店里。他在钻戒柜台前看了半天也没拿定主意。娜娜微笑着问道："先生是不知用哪款钻戒向女朋友求婚吗?"男士点点头，说："是啊，我和女朋友交往的时间不太长，我想给她一个惊喜，可是又不知道她喜欢什么款式。"娜娜说："既然是惊喜，就要有点儿新意。"说着从柜台中拿出一枚非常漂亮的钻戒，造型别致的白金指环配着一颗耀眼的钻石。娜娜继续说："这种波浪形的指环样式看起来非常舒服，能让人感觉到浪花翻滚，而这颗钻石就像是汪洋中翻滚的浪花，就如同你们虽然面对茫茫人海，但是看中的只是这海中的一滴水，爱情来之不易，一定要多多珍惜。"

男士听了娜娜的讲解，觉得这枚钻戒既美观又独特，寓意也十分美好，当即买了下来。临走时，男士对娜娜说："谢谢你，咱们留个联系方式，如果我求婚成功，就请你喝喜酒。"娜娜欣然同意。

第二天，娜娜给男士打去电话问："那款戒指让你抱得美人归了吗？"男士很激动地说："成功了，真是谢谢你。我们下月 20 号结婚，我把地址发给你，一定要来啊。"

20 号那天，娜娜去了婚礼现场，她惊讶地发现，原来女主角就是两个月前在店里买项链的女孩。娜娜既高兴又惊讶，缘分真是妙不可言啊。他们非常感谢娜娜，因为他们觉得娜娜推荐给他们的首饰是他们爱情的吉祥物。

把客户的需求和利益放在第一位、服务周到贴心、积极回访，这些就是娜娜放的"长线"。用一个客户带动了周围很多客户，让自己逐渐被大众熟知，最终良好的口碑使她越做越好。

前期"长线"做好之后，就不必再辛苦地奔波，因为客源已经稳定且形成规模，靠自己的影响力就能完成销售了。

久攻不下怎么办

有时，销售员尽了最大的努力，但还是没有拿到订单，难免情绪低落。如果将失魂落魄的一面表现出来，非常不利于再次拜访客户。不要幻想对方同情你，看到你被失败打击得一蹶不振，对方只会瞧不起你，更会因此拒绝再接待你。所以情绪虽然低落，但应表现出开朗自若的一面，千万不要哭丧着脸，一边收拾整理资料，一边再说上几句恭维对方的话，这种不气馁的态度一定会给对方留下深刻的印象。

告别时应该恭敬地说“在您百忙之中打扰您，真不好意思”或“下次还请您多关照”之类的话，和对方握手道别。离开的路上遇见该公司的其他员工也要点头告别，说“打扰了”“再见”等客气话。

你要清楚，即使挖空心思地用亲切的态度与对方会谈也可能空手而回，这就是残酷的现实，不过你不要灰心，因为今天的失败有可能为明天的胜利播下希望的种子。

佛学里常说“当下即是”，即“当下”的事物都是难能可贵的，所以应该对任何事物都心存感恩之情。只要拥有这种心态，就能开发出难能可贵的智慧。销售员被客户“无情”地拒绝，就应以“当下”的精神去感悟。

既然眼前的所有事物都是难得的，那么能与对方见面就是可贵的！

向一个连橘子都吝于与人分享的人说"谢谢"，使对方心情愉快，也许他就会分给你一个橘子。你得到他的橘子后，以得到 10 个橘子的感激之情向他致谢，也许他会再给你一个。

人有一种心理，即面对他人诚恳的感谢，往往认为受之有愧，总是想办法回馈给对方更多。所以，遭到客户拒绝后，感谢之情是专业销售人员应有的心态。

碰上了持久战、消耗战，久攻不下时该怎么办呢？

特种兵会将情况汇报给上级，与上级一起研究对策。销售人员也应该如此，在汇报时，要如实报告有关情况。如果报告得不全面容易引发上司的判断错误，反而误了大事。

综合评判之后，上司一般会做出如下指示或给予下列建议：

- 断定对方不可能订货（终止访问）。
- 给对方优惠条件（优惠价格及其他），继续谈判。
- 上司给予帮助（一起去访问）。
- 像往常一样继续拜访，以待时机。

对于上司的指示或建议，销售人员要不折不扣地执行。

第4章

专注：两耳聆音，不忽略一丝风吹草动

销售工作中的专注并不是传统意义上的“两耳不闻窗外事，一心只读圣贤书”。销售工作需要的是更多的关注、更多的聆听、更多的了解。专注只不过是为了更快地走进销售行业，并在工作中不受外物侵扰，坚持下来，才会有所收获。

专注：让自己迅速进入状态

说到专注与特种兵的关联，相信很多人脑海里都会浮现这样的画面：在茂密的草木丛中，特种兵架起狙击步枪，瞄准敌方。他们日夜潜伏，任何风吹草动都逃不过他们的耳目。在你死我活的战场上稍一分心，迎面而来的或许就是死神，所以他们时刻保持专注，警惕性极强。

销售人员如果不专注，客户和业绩就会跑到别人那里。所以从进入销售行业第一天起，就应该时刻提醒自己“进入工作状态”。所谓进入工作状态，就是要把全部精力投入工作，专注于工作。那么如何才能迅速进入工作状态呢？

首先，迅速了解公司的基本情况，包括企业文化和规章制度，这样做有助于适应新的环境；其次，为自己设定目标，即明确某段时间内要达到某种目标，并为之努力；再次，了解公司的特色产品、主营项目和市场状况，从而能够在接待客户时以发展的眼光介绍产品；再次，和身边的同事打成一片，因为在之后的日子里他们会像家人一样，给予自己很多帮助；最后，务必选择一位信任的合作伙伴，共同学习，相互帮助。

从进入销售行业之初到成为销售精英，这个步骤应该贯穿始终，环环相扣、循序渐进。做到了这一点，在整个工作过程中才能时刻处于工作状态，更专注于工作。

小森是个模型爱好者，平时喜欢制作一些人物摆件或航空航海的模型。所以他选择了在一家玩具店做销售。源于对玩具的喜爱，小森十分珍惜这份工作，每天都非常努力。

进入玩具店的第一天，小森心中就立下了一个目标——不久的将来开一家自己的玩具店。有了这个目标，小森自然更快地进入了工作状态。他到店里上班做的第一件事就是到库房对店里经营的玩具进行了分类，并一一抄录到自己制作的表格中，后面还标注了玩具的价格及一些简单的介绍。然后他用了大概一周时间，把这些信息全部记在心里。

准备工作做好之后，小森定下一个短期目标：三个月内把店里的每种玩具都卖出一件，这样才能更全面地了解店里销售的玩具。于是他开始摸索这些玩具的特点，并对哪个年龄段适合哪种玩具进行了深入的分析。

有一天，一对夫妇带着两个孩子来店里。老大是个男孩，六七岁的样子，性格活泼，一进店便左看右看。老二是个女孩，看起来三四岁，很文静，被妈妈抱在怀里。孩子们的爸爸开口说道："我们想给两个孩子买点儿益智类的玩具，但是不知道买哪种，麻烦给我们推荐一下。"

这两个孩子的性别、年龄和性格都不一样，小森觉得他们喜欢的东西肯定也不一样。稍加思索后，他从柜台里拿出一套拼装机器人的玩具，介绍说："小男孩现在正是喜欢这些东西的时候，这款玩具是日本原装进口的，材质安全，家长可以绝对放心。而且，日本作为玩具生产出口大国，对玩具的益智性、趣味性和艺术性都进行了严格把关。”小男孩对小森推荐的玩具爱不释手，夫妻俩也觉得很不错，又让小森再推荐一款适合女儿的玩具。

小森接着说：“我们这有一款积木，特别适合这个年龄段的小朋友，男孩女孩都可以玩。这款积木是全球著名玩具制造商乐高生产的，质量非常好，可玩性也非常强，可以拼出各种各样的东西，非常有利于开发孩子的想象力。哥哥要是有兴趣，还能跟妹妹一起玩，增进孩子之间的感情和合作意识，你们觉得怎么样?”夫妻俩对产品的质量和小森的态度都非常满意，当即购买了这两款玩具。小森就这样做成了第一单生意。

看着玩具的销量与日俱增，小森开心的同时并没有放慢脚步，而是一直思考如何让店里的玩具更有卖点，从而进一步提升销售量。小森找了一个要好的同学请教怎样使玩具更符合现代人的审美。小森的同学是学美术出身，对色彩有很强的敏感度，他建议有些玩具可以通过重新涂装变得更有质感，把原本塑料材质的涂成金属或石材颜色，使普通玩具变得像艺术品一样。

于是两人着手于这项“研究工作”。通过他们的努力，很多玩具变得更美观，除了把玩，还可以当作装饰品摆在家里。这种方法使玩具的受众范围一下子扩展了许多，玩具店也因这一特色而备受周边客户的关注。

小森的销售业绩突飞猛进，知名度也越来越高，一位玩具摄影师找到他，问：“这里有没有专门的玩具场景，我想租下来拍照用。”这可难倒了小森和同事，因为他们从来就没有想过可以单独出售玩具的装饰场景。

但是这件事情也启发了小森，他找到老板，说出自己的想法。老板觉得他的想法独特，而且对工作非常投入，便放手让他去做想做的事。就这样，小森从库房里挑了一些人物场景可以拆分的摆件，摆出造型后约那位摄影师来参观。

摄影师和他的团队一下子就被小森摆的造型吸引了，这笔生意就这样很痛快地成交了。这件事让小森意识到，原来顾客的喜好才是产品发展的方向。于是，他在店门口的宣传牌上加了一句话“本店可定制玩具”。就这样，这家店从之前普普通通的玩具店转型为一个小小的“玩具工厂”，生意自然越发红火。

经过了三年的资金和经验积累，小森自己的玩具店终于开业了，等待他的自然是事业上的再攀高峰。

小森的专注促使他迅速进入工作状态。专注是合格的销售人员必须具备的品质，只有做到专注，才不会置身事外，才能使自己更了解公司和产品，也才能从客户的角度更全面地考虑问题。真正进入工作状态后就能明白，将满腔热情倾注于钟爱的销售事业，更容易取得成功。

谦虚：放下身段，你才能知道客户到底关注什么

很多销售人员都是因为不想去了解、接触客户而退出了销售行业，这些人中有名校毕业生，有富家公子，总体来看，他们大多有一个共同的特点，那就是放不下身段。

其实，不管出身如何，也不管曾获得哪些成绩，选择了销售这一职业，就要学会卸下以前的光环，再次站在起跑线上开始新一轮奋斗。

高高在上的姿态只会让你离销售行业越来越远，放下身段、拾起谦卑才能更贴近客户的想法，了解客户的需求，从而成功完成销售任务。

小金是一名汽车销售员，聪明肯干，在汽车销售行业做得特别出色，经手过许多大客户，年销售额接近千万元。在从事销售工作的这段时间里，他成家立业，买了房和车。但就在他的事业一帆风顺的时候，突然打电话给我，说自己被公司辞退了。

我愕然，这么优秀的人怎么会被炒鱿鱼呢？我问他究竟是怎么回事，他跟我讲了事情的原委。

夏天的一天，小金心烦意乱地在办公室吹着电扇。这时，

一位男士匆匆忙忙地走进来，小金认出这是他之前的客户，他们公司曾在店里买过一辆国产汽车。“你是小金吧？还记得我吗？我们公司前几天在你这买过一辆汽车。”成为店里的金牌销售员后，小金对这种小客户不像原来那样恭敬了，他淡漠地问：“怎么了？车有什么问题吗？”客户接着说：“我们公司在使用这辆汽车的时候发现反光镜总是不能调整到位，你能不能过去帮我们解决一下。”小金有些不耐烦地说：“这种天气我真的不想过去。”这位客户听后有些生气，质问小金：“买车时明明说好发现问题随时解决，现在出了问题，你们怎么是这种态度？”

小金也有些恼怒，轻蔑地说：“你们公司买的那辆汽车加上配置一共还不到10万块钱，我现在一天的销售业绩就有几十万元，像你们这种消费水平就不要再追求售后服务了。”

客户听了这番话，气坏了，立刻给小金的老板打电话。小金却不以为然，他觉得自己为公司做了这么多贡献，老板绝不会为这样一个小客户而惩罚自己。几分钟后老板走了过来，客户将刚才发生的事重复了一遍，然后说：“这个销售员实在太令我们失望了，之前我们觉得他服务态度挺好的，所以我们老板本打算解决完这次问题之后从你们店里订一辆200多万元的跑车，而且他的几个朋友也准备一起到你们店里来订购，没想他居然是这种服务态度，太让人气愤了。”

老板听后连连道歉，他没想到自己店里的金牌销售员竟然做出这样的事。安抚了情绪激动的客户后，老板又派了专人去维修，才平息了冲突。但是对方已经彻底打消了后续的购车计划。

当天下班时，老板就把小金叫到办公室，说：“你在这里已经工作很长时间，为公司创造了很多利润，我们也都看在眼里，但是我们觉得你现在不适合再在这里工作，长期的业绩积累已经使你变得不再像之前那样谦虚，以你目前的状态，公司没办法再留你了。”

听完小金的讲述，我的第一感觉就是惋惜，他原本是一个非常优秀的销售员，凭借打拼，终有建树，但没想到最终他败在了自己的身段上。除了惋惜，我还感到震惊，高傲的力量竟能毁掉金牌销售员的大好前途。

身段并不是销售人员应该有的东西，它就如同一堵隔在销售人员和客户中间的墙，使近在咫尺的两个人很难产生交集。

做到一时的谦虚并不难，难的是保持下去。越是辉煌，越不能忘记自己的使命，作为销售人员，了解客户需求才是最重要的，千万不要让自己的身段挡住前行的道路。

耐心倾听，有的放矢

有这样一个段子：一个人原本沿着笔直的马路向前走，可是突然改变了路线，从旁边的草地和树丛穿了过去，而绕开走只不过是因为马路正前方站着几名推销员。

这或许是个笑谈，却从侧面反映出销售人员在大众心中的形象。或许有人会为销售人员鸣不平：他们又不是“牛鬼蛇神”，有必要这样唯恐避之不及吗？这也不能怪大众，不可否认的是，确实有一些销售人员的做法不可取，把客户逼成了这个样子。我曾见一位销售人员看到路人就不分青红皂白地推销，甚至跟着对方走到家门口。后来我问他效果怎么样，他摇头说：“客户说这个产品现在用不上。”我又问有没有留下对方的联系方式，他也摇头，还反问我：“为什么要留一个对产品不感兴趣的人的联系方式？”

其实这是耐心的问题。跟着客户走到家并不是有耐心的表现，而是急于成交的表现，真正的耐心表现在不断了解、不断拜访、不断推荐。就如同特种兵不会在敌人出现前开枪，因为提前开枪不但浪费弹药，还会暴露隐藏的位置。他们必须躲在掩体后面，耐心等待，不论多长时间都不能放松，直到敌人进入射程才开枪，从而最大限度地提高战斗胜利的概率。

同样，销售人员不能要求客户听完介绍就立刻购买，因为客户有自己的想法，强制性的推销只能引发客户的厌烦情绪。在这种情况下，最好的方法是留下客户的联系方式，再找机会与其沟通，千万不要急于求成。

而且，销售人员在解决客户的问题时一定要有耐心，最好从见到客户开始就把客户的需求问清楚，不要盲目推荐产品，也不能在客户拒绝后死缠烂打，这样做只会让客户躲得远远的。

小霞是一家手机专卖店的推销员，做这份工作已经很长时间了，她平时开朗幽默，也精通业务，但业绩一直不理想，这让老板有些想不通。一次偶然的机会，小霞业绩不佳的原因终于显露出来，因此她才有改正的机会，并且取得了巨大的进步。

一天傍晚，店里来了一位女士，想选购一款智能手机送人。小霞从对方的穿着上判断她应该很有钱，于是决定介绍一款价格比较高的手机。小霞从柜台里拿出一款大屏幕的高端智能机，介绍说："这款手机是今年的新款，超大的屏幕设计，外观也十分大气，内存容量大，可以存储海量音乐和电影，会让使用者获得很好的享受。"

听了小霞的推荐，这位女士似乎并不满意，她轻轻摇摇头，刚想说什么，却被小霞抢了先："而且这款手机的质量很有保障，还赠送很多配件，您考虑一下。"小霞以为自己介绍得不到位，急忙又补充道。

可是这位女士还是轻轻摇了摇头，小霞以为她嫌贵，急忙又说："虽然这是最新款，但我们店里现在有送话费的活动，所以也是非常划算的。"

那位女士好不容易逮住一个说话的机会，“我不需要这种高端手机，我买手机是要送给我的老师，他的视力和听力都不太好，所以我想买一款声音大、储存功能强大的手机。”

以上案例中的小霞犯了一个“无的放矢”的错误，言辞如同机关枪一样扫射，却并不知道靶子在哪里。像小霞这样的销售员要注意适时沉默，多倾听，了解客户的需求。

倾听才能思考

如果销售人员在对话中是喋喋不休的一方，客户被迫被灌输各种信息，那么销售人员越是不断地夸赞产品，客户抵触情绪越强烈，销售业绩自然不佳。

销售人员极力推荐商品，不断重复推销语，可能只是在背诵先前准备好的说辞，并没有时间思考另一种说法，也就无法解答客户的提问，更不用说提供个性化服务。

引导客户说出心中的想法，销售人员可以利用客户诉说的时间思考其他推销对策，就能提高成交的概率。

可以找出客户的痛点

面对面销售中最令人泄气的问题莫过于客户冷淡的反应与不屑的眼神，许多客户在交谈中只应付似的说几句客套话，或许因为担心透露出他的需求后会被销售人员逮住机会而无法脱身，所以尽可能地采用拖延策略。要消除客户的这种困扰，只有引导他说出真实的想法及核心问题，才能找到销售切入点。

认真回应，让客户感受到尊重

和客户交流在销售过程中占很大比重，因为只有交流才能传递信息。有的销售人员善于交流，成交率自然较高；有的销售人员不善交流，业绩自然不突出。

在交流中，尊重客户至关重要。只有客户感觉到自己被尊重，才愿意继续交流，所以说，尊重是打开客户心门的钥匙。

特种兵在训练时必须绝对服从教官，这样做不仅能够保证训练的效果，而且能够体现对教官的尊重。当你发自内心地以保家卫国为己任，就会认真回应教官说的每一句话，从心底尊重自己的使命，才能成为一名合格的特种兵。

具体来说，销售人员该怎样体现对客户的尊重呢？首先，做到衣着得体，而且精神百倍，让客户感觉销售员是打起十二分的精神来为他们服务的；其次，开朗大方，称呼要热情，这样才能消除与客户之间的隔阂；再次，做事情一定要周到，对方如果是老人，要主动搀扶，使对方产生宾至如归的感觉；最后，也是最重要的一点，就是对客户的问题、看法一定要认真回应。之所以说认真回应最重要，是因为之前的步骤其实都是为这一步做准备。之前做的是让客户接受你，而认真回应是所有准备工作完成之后最核心的部分，是让客户接受你的态度、公司形象、产品质量的关键步骤。

客户看你推荐的产品时，一定要侧耳倾听，认真解答他们提出的每一个问题。当然，难免会遇到我们暂时无法回答客户提出的问题的情况，这时也不要紧张，巧妙地把话题引到你熟知的领域，遵循服务原则来应对，即使客户看出了你的业务不太熟练，也会让他们感觉到被尊重，从而为销售成功埋下伏笔。

小美是一家空调专卖店的销售员，销售业绩一直非常不错。或许有人认为，小美一定善于运用销售技巧，而且有丰富的销售经验。其实不然，小美进入销售行业时间并不长，只有半年，谈不上有什么技巧，经验也很有限。那么为什么一个刚进入销售行业不久的年轻女孩能够取得这么好的销售业绩呢？难道是她运气好吗？

当然不是。小美在同事中并不是表现最抢眼的，甚至可以说她默默无闻。论工作能力，她不及很多同事，甚至有些产品的性能、生产厂家的情况等方面的专业知识，她都不是很清楚。按常理来说，销售技能不过关是所有销售人员的“死结”，如果不能及时破除，很难在行业立足。但小美坚持了下来，而且创造了不错的业绩，她有什么秘诀吗？看看下面的事例，相信你就会明白了。

一个冬天的下午，店里没什么人，小美正在看一款空调的说明书。这时候，一个中年人推门走了进来。小美连忙走过去询问：“先生，请问您有什么需要，我可以为您介绍一下。”

“我先随便看看。”中年人似乎不太愿意被人打扰。

听到这句话，小美微笑着说：“好的，您慢慢看，有什么问题随时叫我。”然后她就小步跟在中年人后面，没再说什么。转了一圈后，中年人指着一台空调问：“这款立式的空调噪声大吗？运行时是多少分贝？”这个问题可把小美难住了，可是她并没有显得很慌乱，而是轻声说：“您稍等。”说完她立刻快步跑到柜台后面的店长跟前低声询问这个问题，很快她就返了回来：“真抱歉，我的业务还不太熟练。这款空调的噪声为 30 分贝，比国家标准 48 分贝低很多，您可以放心使用。”中年人听了之后，又问了好几个问题，最终买下了这两台空调。

不久之后，店里来一个年轻人，说他所在工厂的新办公楼落成了，要购买一批空调，并指明要找小美接待。交谈之后，小美了解到，这个年轻人是之前那个中年人介绍来的。原来那个中年人是一家工厂的领导，在工厂里很有威望，很多厂里的骨干都是他一手提拔起来的。这次厂里新建了办公楼要换新空调，第一个想到了小美。

这次销售经历不仅让小美的业绩得到了很大的提升，更增加和丰富了小美的销售技巧和经验，她变得更加自信，在随后的工作中，销售业绩不断攀升，最终成为店里的金牌销售员。

销售之路没有尽头，你会遇到无数性格迥异、经历不同、看法各异的人，对待他们当然不能用同一种方法，但是唯一可以贯穿始终、让所有人都接受的便只有“尊重”二字。

尊重一个人，要出自真心才会有用。只有从心里认为“这个客户就是需要我帮助的人，我一定可以让他满意”，才能真心投入，把客户当作朋友、家人来对待，当作亲人来尊重，这样不仅仅可以做出业绩，还能多交到一些朋友。

第5章

谨慎：语言可以是武器，也可以是炸弹

特种兵执行任务时需要精准的判断力，以便判断什么事情该做、什么事情绝对不可以做。同样，销售人员在和客户交流时也要掌握说话的技巧，知道什么话应该说、什么话不应该说。“病从口入，祸从口出”，不会讲话、不懂沟通就会造成销售工作停滞，而说话不知禁忌会惹恼客户，失去成交的机会。

不要急于表达自己

销售是一项与人打交道的工作，口才无疑是重要的。很多销售行业的新人都会信心满满地说：“我能言善辩，我相信没有我搞不定的客户。”面对这种盲目自信的销售新人，我只能无奈地摇摇头。

我常常告诫他们，销售人员不仅要能说，而且要会说。不能盲目乐观，认为自己给客户讲清楚了，实际上你说的也许并不是他关心的。通过观察不难发现，真正成功的销售人员从不急于表达自己，而是首先了解客户的需求，他们在意的是客户想要了解什么以及真正需要什么，因为他们知道，所有成交都建立在满足客户需求的基础上。

在人们的印象中，特种兵大多不善言辞，但是他们坚定的眼神和简洁的话语会在无形中使人产生信任感。特种兵并不是人人都性格内向，沉默寡言，这是严格训练的结果，训练使他们表现出内敛而谦和的一面。特种兵时刻谨记认真听取命令、服从命令，团结一致完成任务。过于追求自我表现的人永远成不了合格的特种兵。

销售工作也是一样，并不是说得越多、说得越精彩就越成功，适时沉默有时候反而有助于达成交易。沉默不是消极应对，而是静下心聆听客户真正的需求。很多时候，你说得越多，越容易激发客户的反感情绪。

张贺是某网络公司的电话推销员，他能说会道，因此初入销售行业时非常自信，觉得自己发挥语言魅力的时候到了。可事情并非他想象的那般顺利，几个月过去了，他谈成的客户屈指可数，业绩在同期入职的员工中垫底。

“老师，我实在想不通，为什么很多时候客户明明已经表现出了兴趣，却在我详细介绍完后表示没有购买意向，甚至有些不耐烦呢？是我讲得不够清楚吗？”一天，张贺充满疑惑地问我，“跟我一起入职的黄英平时沉默寡言，可是业绩比我好很多，我真是搞不懂这是为什么。”

张贺还讲了一件让他非常郁闷的事，他无意中发现已经明确拒绝他的客户居然被黄英谈成了。黄英是他的大学同学，一直不善言辞，当初张贺发现她也做销售这一行时还感到非常意外，因为在他看来，黄英根本不适合这份工作，可没想到现在她的业绩比自己好。

我问他：“你有没有问黄英她是怎样谈成的？”

张贺说：“问了，她说这个客户本来就有意为自己的网站做推广，她只是耐心听完客户的推广计划和目标，然后对这个客户的方案表示赞同，同时指出几个不太可能实现之处，还为他分析了我们公司推广业务的优劣势。其他的她并没有多说，客户简单考虑之后便成交了。”

“那你发现这名客户有推广的意向了吗？”我接着问。

“没有，他根本没等我为他介绍完与我们开展业务的必要性，就挂了电话。”张贺一脸的不解。

谈话中，我发现张贺是一个表现欲非常强的人，在我和他简短的谈话中，他曾多次打断我，为自己争辩。张贺这种沟通方式的坏处不亚于不停地直接对客户说：“快拿钱来吧，我们这个产品非常好。”这样自然会令客户不耐烦和反感。

我告诉他：“太急于表达自己，忽略用户的需求，这就是你的问题所在。”我还告诉他，如果不改正这些缺点，他很可能很难在销售行业立足。然后我又详细地为他分析了这种沟通方式的坏处，以及改正的方法。张贺听后深受启发，决定按照我的意见和方法做一些改变。

其实，很多销售新人都会犯和张贺一样的错误，向客户推销产品时急于让对方认识到该产品的优点，想在有限的时间内尽可能多地让客户了解产品的卖点，可是这种着急的表现、滔滔不绝的讲述不仅无法促成销售，还有可能惹恼客户，导致交易失败。

销售过程是与客户交流的互动过程，并不是销售人员一个人的表演。成交必须建立在使客户全面满意的基础上，客户的满意不仅包括对产品本身的满意，而且包括情感上的愉悦。如果让客户感觉到销售人员非常着急地想把东西卖出去，他们反而会对产品充满担忧和疑虑，结果也就可想而知了。需要注意的是，没有人喜欢被催促着买东西。那么销售人员应该如何避免急于表达自己的做法呢？

心急吃不了热豆腐

销售是双方沟通的过程，销售人员除了要学会从容不迫地将产品的优势呈现在客户面前，还要适时询问客户的意见与看法，这样做可以让客户在了解产品的同时感觉到被尊重和被肯定。另外，要学会恰当地停顿，给客户考虑的时间，在客户做决定时尤其需要安静，不要给客户以逼迫感。

“客户至上”不是口号

“客户至上”是销售行业必须遵守的准则，它绝不能只停留于一句口号，而是要切实落到销售过程中。销售人员应该始终提醒自己，销售就是为客户服务、满足客户需求的过程，无论什么时候，都要将“重视客户的感受”放在第一位。团队对特种兵来说永远是第一位的，“个人英雄主义”从来不是褒义词。销售人员也应该以特种兵的纪律提醒自己，不要急于表现自我，要结合客户的实际情况，总结判断客户的关注点以及客户的禁忌之处，这样才能顺利推进销售。

客户更喜欢简单明了

在和客户交流的过程中，应该学会用简单清晰的语言表达产品的优势，这样不仅会给客户留下专业、干练的印象，而且可以使他更信任这个产品。所以，销售人员在足够了解产品信息的同时，要注意对自身语言的组织和表达能力的培养，尽可能用清晰简明的语言给予客户其想获得的相关信息。

放低姿态

很多销售人员为了让客户肯定自己的产品，刚接触客户时就以“买了我的产品，你赚大了”“别人家的算什么，和我们的比差远了”的口吻向客户推销。但是，夸大其词往往容易使客户产生怀疑，更难取得客户的信任。

有时候适当放低说话姿态，客观地指出一些自己产品的微不足道的缺点，反而更容易收获客户的好感。例如，“我们这个按摩器功能很多，质量也绝对让人放心，性价比非常高，就是静音效果相对差一点儿，但对使用不会造成任何影响。”“这台电脑是最新款，运行速度一流，就是颜色比较单一，只有黑色。”很多时候，诚实和低姿态是打动客户的利器。

不可否认，人们大多存在逆反心理，所以销售人员越表现得想要早点儿完成销售，客户越容易拒绝。因此，顺利成交最有效的方法是表现得淡定从容，消除客户的戒备心，这就是兵法里所说的“欲擒故纵”。

销售和作战一样，过于自我、急于表现往往适得其反，成为战场上的炮灰。在和客户交流的过程中，不要急于表达自己，先了解客户的需求，恭敬地聆听客户的诉说，扮演好听者的角色，才能使销售更顺利。

不要小瞧任何一个人

销售人员千万不能有势利的心态，要时刻对周围的人保持尊敬、谦虚的态度，因为你此时的态度决定未来的发展。

特种兵有效地发挥了这种心态的作用：再勇猛的特种兵部队在作战中也要时刻关注军事动向，不论军事强国还是边陲武装都一视同仁。因为小看任何一方都可能产生意想不到的严重后果。

如果一位衣衫朴素的老人走进店门，我们应该立即搬来椅子，倒一杯温水，热情地询问老人的需求。哪怕他只是进来躲雨，也不能视而不见。因为在销售行业中，产品和服务是分不开的，就算没能成交，良好的服务态度也一定能使销售人员、门店甚至品牌赢得不错的口碑，这件事的意义甚至要比单纯销售一件产品大得多。

小飞和香香是一家厨具店新招进来的销售员，她们俩都是刚毕业的大学生，没有工作经验。小飞的性格开朗，爱说爱笑，嘴也甜，很快便赢得了其他同事和顾客的好感。香香虽然也是个开朗的姑娘，但由于从小家境优越，她的一些观念跟大家不太一样，在她眼里，人是分三六九等的，就连朋友都要按家庭情况的不同区别对待。她的这种观念导致同事和顾客都不太喜欢她。

有一天，店里来了位步履蹒跚的老人，老人衣着普通，甚至有些破旧，腰上扎着一条红布腰带，手里拿着一顶旧草帽和卷成一团的布口袋。

老人刚走进店，小飞便立刻迎了上去，还搬来一把椅子，请老人坐下，老人客气地说："谢谢姑娘。"他的声音很沙哑，小飞忙对正站在饮水机旁的香香说："香香，倒一杯水过来，这位爷爷好像口渴了。"香香看是一位衣着寒酸的老人，故意装作没听见。小飞没有再说什么，她自己走过去倒了一杯水端给老人。"请问您需要什么帮助吗？"老人喝了口水，说："我想给我儿子买个水杯，他学校远，我怕他上学放学路上口渴。因为没有水杯，口渴了他只能到麦田里喝水。"

小飞被老人的话弄糊涂了，这里早就没有麦田了，而且老人的儿子应该也是中年人了，怎么还会去上学？这时候香香在旁边说："他一定是有精神病，赶快让他走吧。"小飞已经明白过来，这位老人患了老年痴呆症，家里人一定在非常着急地寻找他。为了安抚住老人，小飞把店里用作赠品的水杯拿过来一只问他："您觉得这种水杯怎么样？"老人小心地接过杯子，连连点头。

就在这时候，一辆豪华轿车在店门前停了下来。车上走下来一位衣着考究的男士，他径直走到店里的老人面前，恭恭敬敬地说了句："爸，咱回去吧。"老人依然在重复刚才那句话："我要给我儿子买个水杯。"老人的儿子恭敬地说："好的，您跟我走，我带您去给儿子买水杯。"原来，由于保姆照顾不周，患有老年痴呆症的老人走失了。虽然他已经忘了自己是谁，却始终没忘记对儿子的关爱。

临走时，老人的儿子对小飞说："小姑娘，帮我挑10套你们店里最好的厨具，明天送到我们公司，马上要过国庆节了，我准备把这些厨具奖励给公司的优秀员工。"说着，他把地址和电话都留给了小飞。

不久之后，香香因为工作不顺利辞职，小飞却多了很多客户。这些客户来买的都是高端厨具，小飞心里明白，这是老人的儿子在帮她介绍客户。

所有人都是值得尊敬和认真对待的，销售人员应该懂得这个道理，我们卖的并不仅仅是商品，还在推销品质和道德。

我有一位做房产销售的朋友曾这样说："销售本质上是为大众服务的，任何在你面前的人都有可能成为你的客户，你都有义务为他们服务。"

其实就算有些客户真的买不起我们的产品，也不能轻视或排斥他们，对所有人保持谦卑和恭敬，才能使销售业绩更上一层楼。

低调处事，先消除客户的戒备心

销售可以说是一个说服他人的过程。想要说服客户，销售人员要做的第一件事是消除客户的戒备心理。如果客户始终抱着戒备心，那么他会以怀疑的态度审视销售人员说的每一句话，就好像一个人身上笼罩着保护罩，他人的任何话都会被他自动屏蔽。

我曾给某家公司做培训，培训结束后有一个表彰活动，公司请我给上个季度业绩最佳的10名业务员颁奖，同时请最佳业务员上台做培训总结及经验分享。这10名最佳业务员上台后，大家惊讶地发现这10个人并不都能侃侃而谈，有的人甚至有些木讷。

事实上，人们对看起来忠厚老实的人往往不会产生戒备心，有时还会不自觉地吐露心声，表明自己的真实想法。所以，低调处事往往可以更好地消除人们的戒备心，促进交往。咄咄逼人的人容易给人一种压迫感。因此，想要拉近与客户的距离，销售人员不妨在推销过程中适当地暴露一些可爱的小缺点，这种低调能营造更融洽的销售氛围。

销售的核心就是赢得客户的信任，信任的力量是巨大的。因此，消除客户的戒备心、获取客户的信赖是销售成功的关键一步。

面对初次见面的人，大多数人都会自然而然地产生戒备心，这是人与生俱来的自我保护意识，面对销售人员的时候，人们的这种戒备心还会更强一些。一旦成功拉近与客户的距离，客户的这种戒备心就会渐渐消失。那么如何消除客户的戒备心呢？

和客户“同流”

在人际交往中有一个镜子理论，应用于销售中就是，销售人员如果对客户抱有戒备心，那么客户也必然会产生戒备心。因此，在和客户交流的过程中，销售人员要将自己和客户放到同一位置，低调处事，不能以自我为中心，要深入对方的心，赢得客户的好感。

消除客户戒备心的第一步是努力拉近和客户的距离，尽可能地了解客户，寻找共同点。比如问类似的问题：“您是哪个学校毕业的？”“您是哪里人？”听到客户回答是某地方后，可以接话说：“哦，我一年前去过那儿……”由此展开话题，拉近距离。一旦客户对你产生好感，就会慢慢放松下来，成交的希望就增大了。我常说的一句话是：“如果你有办法让客户心情愉悦，那么他们一定不会让你失望。”

和客户拉近关系，最直接的方法就是努力寻找双方都感兴趣的话题，有助于融入客户的内心感情中，从而让客户在交谈中逐渐卸下防备，达成交易。

我曾拜访过一个戒备心很强的客户，无论我说什么，他的反应都是淡淡的：“嗯，是不错，你继续。”“嗯，好的，我考虑一下这个问题。”虽然对我的话都表示赞同，但他绝口不提合作的事，一时间，我陷入了一种颇为尴尬的境地。

这时候，我看到客户的桌子上放着几本书，有《中国近代史纲》《甲午战争史》等，因此我猜想他应该对中国近代史比较有研究，而我平时也喜欢看这方面的书。于是，我就以这几本书打开话题，和他探讨了中国近代发展历程，从清末的闭关锁国到鸦片战争，又到五四运动。整个谈话过程中，他兴致盎然、神采飞扬，两个多小时过去了，仍然谈兴不减，又约了中午一起吃饭。最后，我顺利拿到了一个大订单。

很多时候，只要你能和客户站在同一高度，成为客户眼中的"同类人"，那么销售就会变得更容易。

热情只需要"七分"

我们印象中的特种兵沉稳低调，他们做事注重实效，从不过分张扬。回到销售工作中，低调处事就是要求销售人员在销售过程中不冒进，注意和客户进行情感交流，交流过程中控制语速。销售人员一般给人们的印象都是能言善辩、语速快，但是有时候过快的语速、过分的热情很容易给客户一种逼迫感，客户会因此条件反射般地建立防御系统，拒绝推销。

一次，我去一家服装店挑选衣服。刚踏进店门，就有一个销售员迎面走了过来，然后寸步不离地跟在我身后，一直不断地问我："大哥，您穿什么码？想看什么样子的？"在我表示想先自己看一下之后，她依然没有离开，每当我拿起一件衣服，她就会说："大哥您真有眼光，这衣服真适合您。""我觉得这件也挺好的，您要不要试试？"反反复复这几句话，让我很反感，感觉她好像在逼我购买。

结果我一件衣服也没买就离开了。

人人都非常清楚，销售人员与客户交流的主要目的就是达成交易，因此过分热情地推销会让人感觉目的性太强，容易让客户不由自主地产生戒备心。因此，销售人员在实际推销过程中要掌握热情的尺度，懂得察言观色，这样才能很快消除客户的戒备心，让销售成交成为顺其自然的事情。

告诉客户：我在为你考虑

销售人员在与客户交谈的过程中要将重点放在客户需求上，而不是产品上。任何时候，取得客户的信任都是第一位，只要客户完全放心，那么成交只是早晚的事。

客户的戒备心往往源自心理压力，害怕吃亏上当，要想使客户放下戒备，首先应该减轻客户的心理压力，向他传达：我不仅仅是想卖产品，更是在关心你的需求。

戒备之心，人皆有之，当发现客户有所戒备时，千万不要发起全面进攻，那样只会激发客户更强大的防御。明智的做法是低调处事，适当掩饰自己的直接目的，在情感上和客户建立联系，努力倾听客户意见并以关怀的态度随时附和，这样才能逐步卸下客户的戒备，最终圆满完成销售任务。

拿出诚意，让客户放心

我在课堂上向学生提过这样一个问题：“赢得客户，最重要的是什么?”有人回答是沟通技巧，有人说是信誉，还有人认为是服务。我笑着摇了摇头，这些都不是我想要的答案。“心!”突然有人小声说，我示意他站起来，他说：“我认为是心，对客户用心，让客户放心。”总结得太精辟了!

要想赢得客户，最重要的就是赢得客户的信任——“让客户放心”，成功的销售都是建立在取得客户信任的基础上的。“对客户用心”则是获得客户信任最直接有效的方法。所谓“对客户用心”，就是要拿出诚意，想客户所想，急客户所急，提供真诚的服务。当你设身处地为客户考虑时，客户自然会信任你，并成为忠实客户。因此，拿出诚意是销售人员与客户建立信任的基本原则。

我相信没有人比特种兵更懂得“诚信”二字的含义，特种兵的诚信源自对信念的执着，这是特种兵已深入骨髓的品质。正是因此，作战时，特种兵才会把自己的生死完完全全地交给战友，全情投入地完成每个艰巨的任务。

同样，想要赢得客户的信任，就必须全心全意地付出，关注客户的真实需求并努力去满足。没有付出，永远不会有收获。人大多是感性动物，每次沟通，我们都用最真诚的心为客户服务，相信客户一定能感受到。

真诚对待客户，首先要确保言而有信。做不到的事情就不要轻易许诺，否则你的诚信度将大打折扣。

一位女顾客拿着一双高档鞋到某商城客服部要求换货，原来是她老公前几天给她买了一双高跟凉鞋，但是她试穿后觉得有点儿大，所以想来换小一号的。前台客服人员热情地接待了她，立刻给销售部打电话，销售部的人说马上就到。

这位女顾客很高兴地说："你们的服务真不错，真热心，想不到这么顺利就可以换了。"可是等了十几分钟，销售部的人还没来，女顾客显得有点儿不高兴了。客服再次打电话催促，然后说："您再稍等一会儿，马上就为您办理。"

女顾客左等右等，直到半个多小时之后，销售部的人才拿着一双鞋走了过来。虽然销售员连声说"对不起，让您久等了"，可是女顾客已经被长时间的等待磨得失去了耐心，此时的她一肚子火："这就是你们说的'一会儿''立刻''马上'？我在这足足等了半个多小时！我要退货！下次再也不到你们这里来了！"最终，换货变成退货，女顾客气冲冲地离开了。

很多销售人员将真诚服务理解为态度，觉得态度好就是真诚，实际上，只有良好的态度是远远不够的，更要懂得洞悉客户的需求，快捷地满足客户需求，并且要学会在适当的时候为客户提供合理建议，为其争取最大利益，真正做到将客户当成亲人。上例中的商场服务人员虽然一直对女顾客抱以良好的态度，但是并没有为其解决实际问题，答应客户马上就到却迟迟不见人来，自然无法让客户满意。

有些销售人员喜欢将“客户就是上帝”挂在嘴边，却从不考虑客户的真实需求，更不会主动提供帮助。这种诚意流于表面，是虚假的，没有行动的诚意并不能称为诚意，真正的诚意体现在行动上，是可以让客户实实在在感受到的。就像特种兵之间的信任从来不是靠说出来的，而是在一次次任务中用实际行动培养起来的。

那么销售人员应该如何让客户感受到自己的诚意呢？

交流要用“心”

销售人员必须坚持一点：我与客户永远站在一条战线上，如果不为客户的利益着想，那么我的存在对客户来说就没有任何意义，客户将永远不会相信我，我也就永远得不到客户。

销售人员在与客户沟通时，只要拿出 100%的诚意，与客户心连心，那么很多难题将迎刃而解。比如，和客户交谈时不要隐瞒产品的缺点，要懂得用优点弥补缺点带来的遗憾，介绍优点也要实事求是，不能夸大其词……很多时候，销售人员真诚的态度更容易赢得客户的认可。

说实在话，做实在事

真诚服务客户，就要记住客户不分高低，要一视同仁。永远不能带着势利的眼光为客户服务，无论客户消费多少，只要客户遇到问题，就要拿出 100%的诚意来为客户解决。真诚为客户服务就是要站在客户立场为其创造价值，这要求销售人员学会察言观色，了解客户内心，能为客户做到的事情就不要推托。有时候，多做一点儿事，就能多收获一点儿感激；多付出一点儿，就能多赢得一个客户。

快、准、稳，全面解决客户问题

销售人员要时刻注意的是，只有有效帮助客户解决一些实际困难，才能更好地向客户展示真诚的态度，让客户感受到诚意。第一时间为客户答疑解惑，并正确处理客户遇到的难题，会在很大程度上提升客户的信心，更容易得到客户的理解和支持。

拿出诚意，真诚服务永远没有终点，用真诚的心为客户提供点滴服务，始终微笑面对客户，并将真诚服务内化于心是销售人员的最高境界。“服务从心开始，真诚赢得微笑”，诚意待人，收获的也一定是别人的诚意。销售工作也是如此，无论什么时候，要想最大限度地赢得客户的信任，让客户真正放心，就要努力让客户感受到最大的诚意！

小心谨慎，有些话绝不能说

常有销售人员这样抱怨：“现在的客户太玻璃心了，不知道哪句话就把他得罪了。”在此需要指出的是：在指责客户“玻璃心”之前，销售员应该检讨自己的言行是否恰当。

销售过程中的每一步都需要销售人员思想集中、小心谨慎，任何一个失误都有可能造成满盘皆输的后果。实际上，销售就是一个不断清除阻碍直至成功达成交易的过程。因此，销售没有标准流程，销售人员需要做的就是灵活应对，避免步入雷区。

我常常思考销售人员和特种兵的相似之处。特种兵面临的任务大多异常艰难，在执行过程中，每个细节都要求一丝不苟，一丝松懈都可能付出生命的代价。每一次销售也都像在执行一项特殊的任务，完成任务的进程中阻碍重重，销售人员必须以特种兵的严谨实现突破。

与客户进行语言交流是销售过程中必不可少的环节。能言善辩并不代表每句话都能说到客户心里，而且有时候太过能言善辩还会导致“祸从口出”。

友谊的小船，说翻就翻，一句无心的话可能会导致关系破裂。销售人员如果能把好嘴门关，就能抓住更多的客户，就可以大大增加交易成功的概率。那么哪些话能在销售过程中说，那些话不可以说呢？

不要批评客户

渴望被认同、被赞美，这是人性的弱点。即使修养再好的人，听到批评，心里也会不舒服。所以，销售人员即使发现了客户有一些缺点，比如穿衣搭配不合理，或者对产品的认知有偏差，都不应该直接指出并予以批评。如果确实需要对方改变，应该以委婉的方式提出来。总之，多赞美，忌批评，这是销售人员与客户沟通的一大准则。

不要质问客户

理解和尊重客户是销售人员和客户沟通的另一个重要准则。每个人追求不同、看法不同，因此面对客户持有的不同观点，销售人员要表示理解，不能强迫客户接受你的观点，更不能以质问的语气和客户交流。

“您为什么对我们的产品有这么大的成见？”“您凭什么说这个产品做得不好？”“您有什么理由说我们的产品不如他家的呢？”质问或审讯的口吻绝对不能用在与客户的交流中，这样做极易伤害客户的感情和自尊心。客户有权评价，销售人员该做的是想办法消除客户的反对意见，获得客户的认可，而不是直接质问客户，让客户认为自己被攻击。

不要夸大其词

实事求是是销售人员的基本职业道德。为吸引客户购买，夸大产品性能是一种欺骗行为，靠欺骗达成交易是一枚“定时炸弹”，随时会把我们炸得体无完肤。谎言总有被揭穿的一刻，一旦客户识破谎言，引发纠纷，后果不堪设想。

不要攻击竞争对手

在市场竞争异常激烈的今天，我们常常可以看到有些销售人员为了推销自己的产品而将竞争对手贬得一文不值，竞争引发同行间语言甚至肢体冲突的事件也屡见不鲜。其实，靠贬低竞争对手来抬高自己并不明智，甚至有些幼稚可笑。这样做不但让客户反感，还有损销售人员自己的人格。

不要命令客户

客户是销售人员的服务对象，无论什么时候，都无权对客户指手画脚。销售人员在和客户交流的过程中，应该微笑多一点儿、态度好一点儿、说话轻一点儿、语气柔一点儿，要以征询、协商或者请教的语气与客户交流，切不可以命令和批示的口吻与客户讲话。因为销售人员不是客户的领导，相反，客户是销售人员的“衣食父母”。要认清自己的位置，永远不能命令客户。

尽量少用专业术语

每个行业都有自己的特殊性，很多销售人员在推销时喜欢用专业术语，以此显示自己的专业能力，以期赢得客户的认可。但是，如果客户不是业内同人，他们就难以理解销售人员所说的，那么任何介绍都没有意义。如果客户都听不明白，又何谈购买呢？因此，在销售过程中，要学会将专业术语用简单易懂的语言表述，让外行客户听得清清楚楚、明明白白，才是最明智、最有效的沟通方法。

不要用不吉之言

在保险行业，一直都将疾病类险种称为“健康险”，这是为了有效避免一些客户（特别是上了年纪的客户）的忌讳。初入保险业，小张对这些并不在意，认为无关紧要。

有一次，小张去拜访一个客户，这个客户的孙子刚刚降生，客户有意为一家五口每人买一份意外险，再给孙子买一份教育储蓄类保险。刚开始，双方的交流一切都非常顺利，客户对他推荐的险种也非常满意。在签单之前，小张觉得有必要建议客户为孙子购买一份疾病方面的保险作为保障。

于是，小张对客户说：“王先生，对于孩子，健康成长才是最重要的，您说是吗？”“那肯定啊。”“所以我觉得，除了教育，您还应该为孩子的健康买一份保障，您觉得呢？”“嗯，确实是这样，你不说我还真没考虑到这个问题，那么这方面你有什么好的推荐吗？”

话说到这里，年轻的小张知道自己应该能成功多卖出了一份保险。他非常兴奋，便满怀激情地开始介绍这份健康保险：“这是我们公司新推出的一种大病险，是保重症疾病的，交20年保终身，每年……”话还没说完，他发现王先生的脸色已经变了：“我孙子健康着呢，才不会生那些乱七八糟的病！这个我再考虑考虑吧，等我想好了再联系你一起签。”

就这样，王先生不再给小张解释的机会，直接下了逐客令。之后，小伙子几次拜访都吃了闭门羹。就这样，一句“大病”让他丢了几乎已经到手的大客户。

懂得回避不吉之言，这是每个销售人员都应该具备的基本意识。例如，我们在推销寿险时，“大病”“没命了”，诸如此类的词最好用“健康保障”“意外情况”等词委婉地表达。

不要跟客户争辩

客户对产品有不同的认识是非常正常的现象，当客户表达不同意见时，没必要与其争个青红皂白。销售人员和客户争辩，即使占了上风，把客户驳得哑口无言，对销售又有什么好处呢？反而是坏处一大堆，惹恼客户，搞砸交易。所以说，和客户争辩，输的永远是销售人员。

当客户提出不同意见和反对声音时，销售人员可以表示理解客户的想法：“我明白您的意思。”再有针对性地提出自己的建议，一步步引导，语气一定要平缓，还要注意征询客户的意见。

总之，销售人员要时刻提醒自己，客户不是机器人，是有感情的，一句不经意的话就有可能碰触对方的某种禁忌。因此，在交流过程中一定要小心谨慎，根据客户的不同随机应变，做到言之有物、因人施语，把握沟通的技巧，有效避免因言语不当而造成的尴尬。只有这样才能做到和客户有效交流，促进销售的成功。

客户都不愿意被教育

“赞美与鼓励让白痴变天才，批评与抱怨让天才变白痴。”一直以来，我都非常喜欢这句话。在特种兵部队的那段日子，我得到的肯定远比批评教育多。上级每次批评教育之后，也总会说一句肯定的鼓励：“我相信你一定可以的！”这句话直到今天对我的影响都非常大。

很多时候，适当的鼓励和赞美比直接的批评教育更有效。没有人喜欢被教育，尤其是来自陌生人的教育。因此，在销售过程中，切忌以教育的口吻和客户交流，销售人员并不是客户的老师。

销售人员用教育的口吻与客户交流，客户就会产生被轻视的感觉，要么会异常生气，要么会转身离开。无论哪种情况，结果只有一个：失去这个客户。所以，无论何时、无论客户做了什么、说了什么，销售人员都应克制自己的情绪，保持友好的态度，委婉地表达自己的想法，切不要以一副教育孩子的模样对客户进行说服教育。

即使客户有错也不要贸然批评

客户的购买行为直接决定销售人员的业绩，因此尽一切努力使客户满意是销售人员自始至终的追求，切忌与客户发生争执，避免对客户进行教育。即使客户有错，销售人员也要努力克制情绪，以委婉、正确的方式纠正客户的错误认知。

空调销售员小婧是个非常直率的姑娘，一天，一位客户看好一款空调后发现钱包忘在家里了，于是请小婧帮他预留这台空调，并说第二天一定来交钱购买 。第二天一直到快下班，也没见那位客户的身影，小婧忍不住拨通了他的电话："先生，您好，昨天您要求我们为您预留一台空调，可是您今天怎么没过来呢?"

客户在电话里说："哦，不好意思，我一忙就把这件事忘了。这样吧，我暂时不需要了，你不用给我留着了。"

"您怎么能言而无信呢？这个型号的空调就剩下最后一台了，昨天好几个客户有意向够买，我都回绝了。现在您反悔了，这不是影响我们销售吗？"小婧心里很不高兴，说话的语气有些强硬。

"我不要了，你再卖给别人就好了，又没什么损失。"

"话不能这样说，先生，做人怎么能出尔反尔呢！说好的事情……"没等小婧说完，对方便火了："你什么态度！非强迫别人买吗?"说完"啪"的一声挂了电话。事后这位客户还打电话投诉了小婧，说她服务态度不好，小婧不仅因此挨批，还被扣了当月的奖金。

一起分析一下这个事件，小婧因客户失信而生气，在电话里教育了客户一通。其实，无论事情本身谁对谁错，结果肯定是对小婧不利的。对小婧来说，应时刻要求自己控制好情绪，管好自己的嘴，永远不要怠慢客户，永远站在客户的立场思考问题。

即使客户有错在先，销售人员也无权直接教育客户。客户有错，可以委婉地提示他，让他萌生惭愧感，还要努力找到其失信的具体原因，然后争取下次合作的机会。

不要让客户感觉受到轻视

有一个人去买被子，销售人员为他推荐了几种比较受欢迎的蚕丝被。当这位顾客得知同样是蚕丝被，价格却相差很大的时候，诧异地问销售人员："为什么同样是蚕丝被，价格却差这么多，难道是品牌大小的问题吗？"销售人员脱口而出："您外行了吧，这蚕丝也分好几个档次……"接下来销售人员说了什么，这位顾客根本无心听下去，"外行"两个字深深刺痛了他，让他觉得对方看不起自己，很快找借口离开了。

事实上，销售人员可能只是随口冒出一句话，根本没有轻视顾客的意思，但"外行"两字还是让顾客心生不悦。和顾客交流时，销售人员的用语必须谨慎，哪怕有一点儿可能让客户感到受轻视的话都不要说。

客户是销售人员努力争取的对象，甚至可以说是衣食父母，你可以居高临下地轻视父母吗？答案当然是否定的。置身于竞争激烈的商业世界，如果销售人员缺乏这个认知，是做不好销售的。

你给客户"面子"，客户才会给你"单子"

小娟有一次在某专柜促销区看上一双鞋子，非常喜欢，正当她满心欢喜地试穿的时候，旁边一位销售员立即严肃地制止了她，说："您好，那边有专门的试穿区，请您到那边去试。"

小娟当时一下子脸就红了，急忙脱下鞋子，穿上自己的鞋就赶紧离开了。

小娟对我讲这件事的时候说："当时我感觉自己好像做了一件很丢脸的事，让那个销售员说得很没面子，只想赶紧离开。"直到现在，小娟看到那个专柜还会不自觉地绕着走。

其实，这个销售员处理这件事明明有更好的方式，她可以换个语气："您好，我们这里有专门的试穿区，能让您更舒服、更轻松地试穿鞋子，我来为您带路。"用这种建议的口吻既能纠正客户的错误，又能有效避免客户感到尴尬，顾全了客户的面子。懂得照顾客户的"面子"，客户才会给你"单子"。

忽悠客户无异于自掘坟墓

销售人员的业绩直接关系到收入状况，所以对他们来说，销售出的商品自然是越多越好。不过，这里所说的多应该是一个积累的过程，如果妄想跳过这个过程一步登天，就成了“贪多”。销售顺其自然是最好的，你自身及产品的口碑打出去后，客户自然就多了，这是一个水到渠成的过程，揠苗助长只会得不偿失。

客户购买产品是因为有需求，然而有些销售人员往往忽略这个问题，他们为了自己的业绩，经常夸大产品功能，甚至恶意抬高价格，自认为自己赚了钱还帮公司增加了效益，是双赢。殊不知，这无异于走上了一条杀鸡取卵的不归路。正确的方法是做好自己分内之事，循序渐进，果实成熟了才能收获，未成熟时强取，只会获得一堆苦果。

特种兵要狙杀敌方的高官，务必保证一枪致命，而后迅速撤离。战场上贪多，往往会害死自己。

销售产品时一定要向客户介绍全面，让客户着重了解产品的好处，当客户发现问题时，也千万不要回避。有些销售人员刻意将产品的好处添油加醋地大说特说，对产品的劣势却只字不提，这样只能更快速地结束自己的销售生涯。

由于家庭贫困，小冯上学期间一直半工半读。大专刚刚毕业，小冯立即找到一家箱包商店做起了销售。

这家店的生意一直很不错，只是店里三个月前进了不少学生双肩包，由于款式没有亮点，一直积压在仓库里卖不出去，老板为此很头疼。小冯想试试帮助老板解决这个问题，而且他认为，如果他能把这些包都卖出去，店里的同事也会对他刮目相看。

一天傍晚，商店旁边的小学放学，学生们都在家长的陪同下一起回家。小冯看到一位上了年纪的大妈领着刚放学的孙子从店门口经过。他立刻拿着书包追上去说："大妈您好，接小朋友回家啊。"大妈说道："太小了，不接不放心。"小冯说："小朋友真可爱，上几年级了?"大妈说："三年级。"小冯装作吃惊的样子说："三年级功课就这么多，书包把背都压弯了。"大妈无奈地说："这也没办法，现在的学生们都是这样的。"小冯说："书本多确实是没办法改变了，但是减轻孩子身上的负担还是可以的，而且很重要。您看我手里这种书包，它采用的是进口的高科技面料，夏天背着透气不出汗，设计上还遵循人体工程学原理，背上去不仅很舒服还能够预防驼背。"

一款普普通通的书包经小冯一说就变成了高科技书包，出于对孙子的关爱，大妈对书包有了兴趣："这书包多少钱?"小冯说道："现在我们正在打折，折后才 400 元，您要买就趁现在，不然就要涨价了。"几经波折，小冯终于卖出了第一个书包。接下来的几天，他按照自己的计划，只向老年人推荐这种书包，没过多久，这批书包竟然都卖出去了。

小冯沾沾自喜，觉得终于大显身手、出人头地了。但是好景不长，老板发现仓库里的书包不见了，账上多出了不少钱，于是询问这是怎么回事。小冯把事情的经过一说，满心以为能够得到赞扬，但没想到老板听后十分生气：“你一味贪功却不考虑后果，为了利益不择手段，就等着客户来退货吧。”

果不其然，两天后来了一个女士，手里拿着店里的书包，大声说：“你们的买卖是怎么做的？我到家之后听说这是高级面料，还有什么人体工程学，你们编的也太假了吧，而且我上网查过了，这种包最多就值100块，你们卖400还说是特价，今天一定要给我个说法！”

老板自知理亏，赶快出门道歉，退了货。接下来的几天又陆续来了不少人，大家都是来要求退货的。因为这件事的影响，这家店的口碑越来越差，小冯也因此丢了工作。

销售追求成交无可厚非，但如果运用不正当的方法去忽悠客户，只会搬起石头砸自己的脚。小冯虽然很聪明，但聪明反被聪明误。

其实小冯完全可以这样做：首先了解店里的产品，抓住前来购物的客户，把他们需要的产品推荐给他们；其次将自己良好的态度展现在客户面前，赢得好口碑，使客户一想到要买箱包，第一个就想到来找他；最后可以通过老客户拓展新客户，提高店铺的知名度，这样生意才会越来越红火。

第6章

热情：点燃内心的火把

热情可以激发巨大的潜能，热情让特种兵枯燥的军营生活变得生动有趣，还能让他们笑对每一个挑战，积极完成每一项任务。热情也是销售人员赢得客户信任的绝佳武器。热情可以感染客户，消除客户的偏见和敌意，扫清销售中的障碍。

热爱你的工作

曾经有人问我喜欢不喜欢做销售，我回答说这份工作于我而言已经不仅仅是喜欢，而是热爱。我热爱我的工作，它是我生活的一部分。这份热爱让我能够时刻以饱满的精神状态面对工作，并从中获得无法比拟的幸福和快乐。

这也正是我想告诉大家的，调整好心态，带着热情去工作，学会在工作中发现乐趣。一个人若能爱上自己的工作，就会释放超乎想象的潜能，更快地登上事业高峰。

常常听到销售人员感慨自己的工作很苦很累，我就会想，喊苦喊累是因为你并不完全热爱自己的工作。

20世纪50年代，20岁的重庆江津中山古镇农村青年刘国江爱上了大他10岁的“俏寡妇”徐朝清。为了保护这段不被世人理解的爱情，他带着她躲进人迹罕至的深山。他们到两公里外的地方去背泥烧瓦，花了五年时间，烧出三万多片瓦，建了几间土瓦房。为了方便妻子出行，刘国江几乎耗费了毕生的心血，在悬崖峭壁上凿出6 208级通往山外的石梯，现在这里被称为“爱情天梯”。2007 年 12 月 18 日，刘国江老人去世；2012 年 10 月 30 日，徐朝清老人去世。

刘国江不苦不累吗？肯定苦累，但他不叫苦喊累，因为他心中有爱。在爱的滋润下，再苦再累也觉得心里是甜的、是美的。工作亦是如此，当一个人由衷地热爱自己的工作时，无论为这份事业付出多少，他都不会觉得辛苦，甚至觉得甘之如饴。销售人员一旦达到这种状态，那么销售过程中遇到再多的困难和挫折，也不会感到疲倦。

做好销售，始于热爱销售

热情能激发人体内巨大的潜能，没有发自内心地对国家、对军人职业的热爱，特种兵不可能每次都冒着生命危险去完成那些常人看来不可能完成的任务，接受一次次超乎想象的艰难考验。特种兵的这段特殊经历使我坚信，只要拥有足够的热情，就没有实现不了的目标。

销售是一项极具挑战性的工作，有时候并不是付出就一定会有收获，而是需要长久的激情斗志来支撑。一时的激情容易，想要保持那份热情，就需要我们对这份工作发自内心的热爱。因此，要想做好销售工作，首先就要爱上这份工作。

热爱才会用心、付出真心，才能以高昂的热情探索寻找客户、提高业绩的方法。

一个人对工作的热爱程度直接决定了他的工作方式，真心热爱销售工作的销售人员总能以积极的心态面对工作中的各种难题，想办法处理好与客户的一切问题。那些对工作缺乏热情的人则总是喜欢不停地抱怨——抱怨产品、抱怨客户、抱怨市场，每天工作也总是敷衍了事。久而久之，他们会变得消极，不仅失去了工作的动力，而且对生活也提不起兴致。

坚持是热爱的表现

很多人刚刚接触销售时也有满腔热情，但日子久了，就会感到疲倦和厌烦。喜新厌旧是人之常情，无论你做什么工作，都会遭遇倦怠期。此时就需要给自己打气——选择好了就坚持不懈地做下去！

事情往往是循环往复的，越热爱销售工作，工作中越努力，越努力，业绩自然越好，业绩越好，就越热爱这份工作。相反，越是没有工作热情，业绩就越差，业绩越差，对工作的信心越不足。因此，销售人员应坚持把销售工作做好，这样信心和热情就会一点点地被激发出来，越来越热爱这份销售工作。

肩负着责任去销售

工作多年之后，工作对我而言是生活中不可或缺的部分，认真对待工作已经成为我的责任和使命。如果一个人肩负着责任去做事情，那么他会表现得积极主动、百折不挠。特种兵就是因为肩负着巨大的责任，才能毫不畏惧、排除万难地去完成每一项任务。

缺乏责任感的士兵不是好士兵，没有责任感的销售人员也不是合格的销售人员，是否有责任感是思想素质、精神境界、职业道德的综合体现，它可以决定人们的行为，并且影响深远。带着责任去销售，需要销售人员以敬业的态度尽心尽力地为客户服务，每件小事都力争比别人做得更好、更有效率、让客户更满意。在积极的努力过程中，工作热情会日益高涨，感受到源于内心的喜悦，进而更加热爱销售工作，更加努力地做好销售工作。

试想，一个毫无责任感、每天对上级布置的任务敷衍了事的销售人员怎么可能真正爱上自己的工作，又怎么可能竭力提升自己的销售业绩呢。当工作变成单调乏味的循环，我们会失去激情，变得麻木，因此，只有真正热爱工作的人才是真正懂得生活的人。

总之，以热爱之心从事销售工作，你会发现销售其实并不是一件苦差事，成交也并不困难。

对自己充满信心

特种兵每一次外出执行任务，都是满怀保证完成任务的信心出发的，不找借口，勇往直前，不达目的绝不罢休。正是这样，他们才能完成一个又一个艰巨的使命。

推销一件产品时，你若是怀疑能否成交，等于事先给自己的失败找好了借口，又怎么可能尽全力去完成呢？所以销售人员要充满自信，相信没有自己说服不了的客户。当你满怀信心地开展工作，整个人也会积极主动，即使遇到挫折也会尽最大的努力去化解。人的潜能无限，这是很多看似普通的人能成为金牌销售员的原因。

不自信也要假装信心满满

销售过程是影响他人的过程，销售人员要培养能够影响他人的气场，要形成这种气场首先得足够自信。销售人员唯有自信，才能在客户面前表现得落落大方、胸有成竹，这种表现能感染客户并赢得客户的信赖。

每个演员第一次登台表演都不可避免地会紧张，但是他要掩饰这种紧张情绪，不能让观众有所察觉，这就需要他保持镇定、假装自信。同样，销售人员最初面对客户时也难免紧张，这时也需要假装自己很有经验。很多人培养自信心的第一步就是从假装开始的，你会发现装着装着就变成真的了。

某公司在新员工培训工作结束后安排了一次考核，指派给每个新员工一个目标客户，让他们分别去完成销售任务。李涣拿到手里的是一个重量级的大客户，名下有三家企业。刚看到客户资料时，李涣十分兴奋，如果拿下这个大客户，自己不仅能通过考核，而且一定会受到公司领导的器重。可是当李涣从各个渠道搜集到客户的信息后却有些灰心了，他发现这个客户出了名的难缠，公司的其他销售人员和他接触已经一年，但合作一直没有进展。“油盐不进”“挑剔”“刻薄”“不讲人情”，这些都是同事们对这个客户的评价。得知这些信息后，李涣心里开始打鼓，这么多同事都被拒绝了，自己作为一个新员工，怎么可能完成任务呢！

销售经理了解到他的想法后，鼓励他说：“通过这些日子的培训，我发现你是新员工里表现最出色的，我很看好你，我相信你未来的成就一定会在我之上。所以这次我给你安排了一个让很多老员工都头疼的客户，就是想给你一个证明自己的机会，我觉得你是我这些年见过的最有销售潜力的人。”经理的一番话让李涣头顶的乌云散去，他开始为自己打气：我是最棒的，我的销售能力得到了经理的认可，我一定能成功。

李涣多次拜访那位客户，果然如事先预料的那样，客户表现出了明显的不屑和不耐烦，而且数落现在的年轻人：“不切实际，不肯吃苦，还总认为自己多能干……”虽然客户难缠，但李涣始终没有打退堂鼓，而是一次又一次地登门拜访。每一次拜访过后，李涣都默默告诉自己下次一定能谈成，于是就有了第二次、第三次……随着与这位客户接触的增多，李涣的应对越来越自如。终于，在第五次拜访时，这个客户认可了李涣的产品、提笔签订了合同。

李涣在经理的肯定和鼓励下燃起了斗志，树立了强大的自信心，可以说，如果没有这份激励，他很难成功。但是李涣不知道，经理的那些话并不是只说给了他一个人，而是对参加培训和考核的所有新员工都说了同样的话。经理这样做的目的就是想最大限度地激发员工的潜能，显然这种方法十分有效。

如何培养销售人员的自信

一个人自信与否虽然与其成长经历和生活环境有很大的关系，但也可以通过后天的自我肯定和自我鼓励来培养和增强。我接触过一个优秀的保险销售员，他每天开始一天的工作前都会面朝镜子大喊："我一定会成功的!"此举的目的正是培养自信心。很多门店在清晨都会开一个简单的早会，每次早会都会在众人高喊"我是最好的"口号中结束，其实这就是一种调动员工积极性、培养员工自信心的方式。

自信不是自傲，也不是自负，一个人的自信主要来自于其自身的实力。销售人员自信的前提是对客户和产品知识有清楚全面的了解。

有一些人在单独谈话或者在熟人面前能够谈笑风生，不仅言辞得当，而且条理清晰，但是只要在公共场合或者面对陌生人，他们就会变得不知所措、语无伦次，这也是自信心不足的一种表现。当众说话、参加演出、多参加一些公众活动都有助于树立自信心。

做产品最狂热的信徒

每一个做销售的都必须爱上自己的产品。如果自己都对所销售的产品持怀疑态度，又凭什么说服客户使他们选择这一产品呢？对特种兵来说，无论上级布置什么任务，无论要面对多大的危险，即使付出生命的代价，他们都会毫不犹豫地执行命令，这源于他们对国家、对事业绝对的忠诚和热爱。销售人员也应该做到这一点，销售人员只有热爱自己的产品，才能以高度的热情完成销售任务，尽最大的努力去争取每一个订单。

那么怎样做才能成为自己产品的狂热信徒呢？

从熟悉产品开始

非常熟悉产品的销售人员即使给客户介绍产品的简单功能也能展现出独特的魅力，这就是我们常说的可以影响客户、征服客户的气场。销售人员的专业度、自信可以潜移默化地感染客户，让客户选择相信他和他的产品。

刘晓到一家企业推销产品，历经千辛万苦终于见到企业的老板。这位老板接过他的宣传材料随便翻了翻，然后说：“我现在很忙，你能在最短的时间内用最清楚简洁的话列举你们产品的主要优势吗?”

刘晓对自己的产品了如指掌，他立刻清晰明了地向客户讲解了该产品的三大优势，并告诉客户，刚才说的这些在客户手上资料的第2页有详细的介绍。听到这儿，这位老板将材料翻到第2页，看了几眼后又问道：“有哪些公司使用过你们的产品呢?”他又立刻说出了几家当地比较有名的公司，并补充说：“使用我们产品的公司很多，这只是其中几家，您手上资料的最后一页有个详细的名单，您可以看一下。”

无论这位老板提什么问题，刘晓都能对答如流，老板对刘晓满意度倍增：“这样吧，你先回去拟定一份详细的合作计划来给我看看。”第二次拜访，刘晓非常顺利地拿下了合同。

刘晓凭借对产品信息的熟练掌握，对客户提出的所有问题对答如流，用专业度赢得了客户的认可。材料的准备、精准的回答、自信的口吻，这些看似简单的事情无一不透露出销售人员对产品知识、专业知识的了解，对销售工作来说，这些至关重要。

那么如何深入细致地了解自己的产品呢?

首先，销售人员要全面细致地了解产品的生产流程和使用方法。其次，在和客户直接交流前拟定一份具体的产品宣传材料，包括产品特性、具体型号等，针对客户可能关心的问题做一个详细介绍。最后，尽可能通过自身体验或和使用者交流了解产品的实际使用情况，这样在客户提出相关问题时，才能给出令其满意的答案。

相信自己卖的是最好的产品

一些销售人员喜欢将业绩不佳的原因归结于产品不能满足客户需求，但同样的产品为什么别人的销售业绩很好呢？并不存在十全十美的产品，销售人员要做的就是挖掘产品的特点和卖点，并真心喜欢上自己推销的产品。当销售人员成为自己产品的信徒，就会坚信客户购买产品是互惠之举，如果客户没有购买，那么就是客户的损失。

一位金牌销售员在总结成功经验时这样说："我始终坚定不移地相信我手里有全世界最美妙的产品。在我内心深处，没有什么客户质疑是解决不了的，我对我们的产品有百分百的信心。"

所以，要想成为金牌销售员，就必须坚信自己销售的是世界上最好的产品。这样，销售中就可以坦然面对客户提出的任何问题。

率先成为自己产品的用户

冯媛是一名出色的奶粉销售员，她能说会道，思维敏捷，善于洞察客户心理，而且敢于创新销售模式。为了更好地扩大客户群，她利用微信、QQ等平台销售奶粉。刚开始这样做的效果并不理想，这让一直自认在朋友中人缘和口碑都不错的冯媛很纳闷。她将自己的疑惑告诉了好友，好友听后笑着和她说："你为什么不给自己家孩子吃你推销的奶粉呢？"冯媛顿时恍然大悟。

因为冯媛要工作，所以女儿一直交由孩子的奶奶照顾，孩子吃的奶粉也一直是孩子的奶奶负责采购，所以冯媛忽略了自己女儿喝的奶粉并不是自己销售的那个品牌这一事实。常常看她朋友圈晒娃的朋友们却发现了这一细节，朋友们都认为，既然冯媛都不给女儿喝自己卖的奶粉，只能说明她卖的奶粉并没有她宣传的那么好。这种疑问一旦产生，朋友们自然不会放心购买。

清楚原委后，冯媛很快把女儿喝的奶粉换成了自己销售的品牌，并时不时特意发几张女儿喝奶的照片，从那之后，她的奶粉在朋友圈里销量节节攀升。

做产品最狂热的信徒不仅要对自己销售的产品充满信心，还要尽可能成为产品的忠实用户，这是对产品喜爱程度的真实反应。有时候，成为自己的客户是对产品最大的肯定，也是产品质量最有力的证明。

要想和客户建立相互信任的关系，首先要相信自己销售的产品可以为客户创造更大的价值，并把这份信心传递给每一个客户，促使他们对产品也产生信赖感。

从客户的角度展开介绍

销售是一项满足客户需求并从中收获利益的工作，在销售过程中，客户占主导地位。因此，最重要的是懂得以客户的立场思考问题，考虑客户的实际需求，坚持客户至上，而不是一厢情愿地将产品硬塞给客户。

把冰箱卖给因纽特人，这个话题曾经在销售界引起一番热议。常年生活在北极地区的因纽特人是人们眼中最不需要冰箱的人，美国旅行家沃特森却根据因纽特人特殊的生活环境提出冰箱可以防止温度过低造成食物结冰，帮他们避免了解冻这一麻烦，从而开始在北极地区推广冰箱。

冰箱在大多数人眼中最主要的作用是冷藏，显然这种功能对因纽特人来说毫无用处，如果销售人员不根据因纽特人的实际需求盲目推销，当然无法取得成功。知己知彼，百战不殆，特种兵每次搏击训练时都要注意观察对手的招式，而不是一味发挥自己的优势。根据对方特点巧妙应战，出其不意地攻其最弱之处，才能取得决定性的胜利，埋头注重自己的招式，只能导致自己陷入被动，很难取胜。

回到销售工作上，销售人员向客户推销产品，一定要设身处地地为客户考虑，客户的需求排在第一位。举个简单的例子，你很喜欢吃巧克力，你钓鱼的时候可以用巧克力作鱼饵吗？当然不能，因为鱼和你的口味并不相同。同样，销售过程中，客户就是“鱼”，要想“鱼”早点儿“上钩”，就要从客户的利益点出发，为客户考虑，结合客户的实际需求进行针对性的销售，要让客户掏出的每一分钱都获得相应的价值。

从客户的需求出发，买点和卖点统一

销售人员将自己放在客户的位置，才能参透客户的真正需求，了解客户的关注点，即买点，将卖点和买点统一。

同一款洗衣机，销售人员如果能找出客户身上不同的买点并对症下药，那么销售一定会更加顺利。比如，李太太追求时尚，那么销售人员在推销时就可以这样说：“李太太，这款全自动变频洗衣机是我们新推出的产品，外观大方、时尚，功能全，是目前市场上功能领先的一款产品。”产品满足了她追求时尚的想法，因而顺利成交。王太太是一个比较节俭的人，她追求的是实用，那么销售人员就可以这样说：“王太太，这款全自动洗衣机采用的是变频技术，省水、省电，噪声还特别小，非常适合家庭使用。”这些卖点一下子就说到了王太太的心里，结果当然也是顺利成交。

将买点和卖点统一并不难，要学会在与客户简短的交流中找到对方真正的需求，投其所好，自然没有失败的道理。

把握客户心理，关心客户的切身利益

很多销售新人在训练时会被要求角色扮演、换位思考，这样做的目

的就是培养他们准确把握客户需求的能力，而想要准确把握客户的真实需求，就需要从客户心理入手。

在销售过程中，销售人员应该将客户当成自己的长久伙伴去维护，而不是只关注如何尽快成交。站在客户的角度考虑问题，把客户的问题当成自己的问题去解决，让客户感觉到你的关心和真诚，才能赢得客户的信任。

有一次，我在一家商场里购物，恰逢某品牌酒搞促销，买一送一。考虑到马上就要过节了，我便决定多买一些，因此一下子购买了10箱，算上赠送的，一共20箱。销售员找了小车帮助我送到收银处付款后，主动询问我："请问您是开车来的吗？"

这时候我才想起来，由于家离商场不远，而且原本也没有大批量采购的打算，所以我是步行来的。于是我告诉销售员自己需要打车回去。销售员帮我将酒拉到商场门口，并帮我看着货物，我去打车，可是出租车司机一听有20箱酒，纷纷表示不愿接这单生意。无奈之下我只好告诉销售员，让他先帮我把酒拉回商场，我回去开车，一会儿再来取。

销售员询问了我的家庭住址后想了想说："您来回太折腾了，我今天开了车，要不我和我们经理说一下，我去送您一趟吧。"我听了很感动，连忙道谢。后来，这名销售员不仅帮我把酒送到了家，还搬上了楼。从那之后，只要是买酒，我一定会去找他，而且我还把他推荐给了自己的亲朋好友，一直到现在，我们都是很好的朋友。

很多时候，感动客户的往往是一些细节。为客户多想一些、多做一些，是销售人员赢得客户忠诚的最佳方法。

换位思考，理解客户

销售人员和客户本身立场不同，看问题的角度自然有所不同，立场不同不可避免地会产生不同的意见。换位思考，将心比心对待客户，一定会换来客户的理解和支持。

电话销售员甲联系某客户时遭到客户指责："没完没了打电话，烦不烦，刚要睡着又被你吵醒了，我对你们的产品不感兴趣。"甲看看时间，才 10 点半，显然还没到午休的时间，于是接着说："不好意思，先生，给我一分钟时间就可以，我……""说了不感兴趣！"啪，电话被挂断了。甲看着电话，感到非常无奈。

电话销售员乙遇到了同样的问题，不过他立刻对客户说："非常抱歉，打扰到您休息了，我三个小时后再跟您联系，祝您休息好，再见。"三个小时后，乙准时打电话给客户，被挂断，乙发了一条信息："先生，您好，不知道是否又打扰到您休息了，我们有款按摩枕非常有利于睡眠，我觉得比较适合您，所以才冒昧地又打了电话，这样吧，一个小时后我再联系您，希望您能给我一个机会。"

一个小时后电话接通了，原来这位客户恰巧最近颈椎病犯了，一直休息不好，所以才会在上午工作的空闲时间休息，结果被打扰了当然很生气。乙在电话中表示自己非常理解他，因为自己也有类似的经历，睡梦中被吵醒自然很不开心，接着又介绍自己销售的按摩枕有缓解颈椎不适的功能。最后，客户接受了他推销的产品，选择购买。

销售人员给客户打电话是一项工作，但是很多时候可能会无意间给客户带来一些困扰，销售人员要理解客户的不满情绪。生活中很多的误解和隔阂实际是由于人们的生活状态不同或看问题的视角不同造成的，适当转变角度，站在对方的立场考虑问题，很多误会可以迎刃而解。

销售过程说到底就是赢得客户信任的过程，聪明的销售人员懂得置身于客户的立场、站在客户的角度介绍产品，投其所好，自然可以取得不错的效果。

用热情感染用户，增强说服力

某销售部经理在谈到招聘问题时说：“我首先要看这个人是否足够的热情和外向，没有人喜欢对着冷冰冰的面孔，如果不具备能令人愉快的性格，即使再有才华，也会把客户吓跑。”这话讲得很有道理，优秀的销售人员必须足够热情，并把这种热情投入工作中。

当销售人员以高度的热情面对客户，他的感染力、影响力，震撼力、折服力和说服力都会增强。曾有学员问我：“徐老师，我看到的您永远那么神采奕奕，难道您就没有累的时候吗？”我也是普通人，不可避免也有感到疲倦的时候，但是，在我的培训课堂上，我永远要求自己神采飞扬地面对我的学员，只有这样才能感染我的学员，让他们与我一样充满激情。否则，我的课堂难免变成学员们的休息室。

销售的主要任务就是想办法接近客户，调动客户的购买积极性，从而促成交易。众所周知，开朗、热情的人会让他人感到温暖和愉悦，从而更易获得他人的信赖，人们往往更喜欢和这样的人打交道。而冷漠的人，人们大都会不自觉地远离。因此，销售人员要以热情的态度感染客户，以增强销售说服力。

我的培训课堂上曾经发生过这样一件小事。我在为某企业做一场现场有三四百人的员工培训时，突然停电了，现场顿时有些混乱。于是我大步走到学员中间，在没有麦克风的情况下，用自己最大的声音继续为他们上课。没有幻灯片，没有麦克风，那节课几乎是在我手舞足蹈、大喊的状态下上完的。

就这样，在停电的情况下，我疯狂地演讲了近三个小时，结束后，我的嗓子都有些哑了。但是，那次培训的效果出乎意料的好，学员的反应非常热烈，每到高潮处都会卖力地鼓掌，积极讨论，互动频频。课后，还有学员找到我，对我说："徐老师，这是我上过的最有意思、气氛最好的培训课！我的收获太大了！"

由这一件事不难看出，当一个人以最大的热情投入工作时，这种热情具有感染力，可以传递给他人。所以，销售人员每天都应该提醒自己保持良好的心态，充满热情地面对客户，让客户对自己产生信赖感。有了足够的信赖，达成销售自然水到渠成。

热情令人难以抗拒

热情的人总会给人留下真诚、积极、乐观的印象，让人不由自主地靠近。我们都见识过外国总统竞选中政治家们出色的表现，他们在大众面前总是那样精力旺盛，在演讲时以充满激情的话语、热情洋溢的面部表情、生动的肢体语言来传达自己的热情，以期赢得选民的拥护。事实也证明，那些表现得热情、积极的政治家更容易得到民众的选票。

同样，销售人员只有时刻保持乐观、积极的状态，以高度的热情投入工作，才能感染客户，使客户相信销售人员以及其所推销的产品。

热情可以缩短人与人之间的距离

一位老板跟我讲到他之所以辞退他的助理时是这样说的：“他工作很努力，也很认真，但是性格阴郁，每次看到他，我都感到心中压了一块石头，好像有什么不幸将要发生一样，我常常会感到乌云伴随着我，这种感觉难受极了。”

性格冷淡的人容易使人产生压抑、沉闷的感觉，大多数老板都不喜欢和这样的员工打交道，客户自然也不喜欢面对这样的人。如果你想成为一个受欢迎的人，一定要以积极的态度对待工作和生活中的每一个人、每一件事，随时随地充满热情，才会让周围人感受到这份热情，才会对周围的人产生积极的影响。

热情可以影响他人

很多时候，热情是缓解客户本能的拒斥心理的有效方法。试想一下，客户怎么好意思拒绝一个态度热情、真诚为他着想的销售人员呢？客户选择你的产品，或许并不是因为产品本身有多好，只是销售人员的态度感染了他。

我家附近有好几家早餐店，早上时间不太紧张的情况下，我愿意多走一段路到一个非常不起眼的小店去吃早餐。没有别的原因，只是相对于其他店里老板因繁忙而略显严肃的面孔，这家店的老板灿烂的笑容和爽朗的声音让我感到温暖和愉悦。

无论何时，销售人员都应该让客户感受并享受热情，一来可以让客户感受到诚意，二来有时候也让客户因热情推荐而不好意思拒绝。无论是哪种目的，都有利于销售的成功。

穷追不舍，一旦看准便绝不放弃

很多人问我，金牌销售员有没有成功的捷径？我反复强调，销售没有所谓的捷径，如果非要说捷径，那就是坚持。其实金牌销售员和普通的销售人员并没有太大的差别，只不过成功者永远比平庸者多走了一步而已。人们常说："放弃者不成功，成功者不放弃。"很多时候，失败离成功只是一步之遥，坚持了便成功，放弃了就失败。

多一份坚持，这就是销售成功的一个重要原因。有成就的销售人员一定是最懂得坚持的人，他们之所以能够成功，是因为他们坚韧不拔，不断追求，无畏艰难，从不服输。特种兵执行任务凭借的同样是永不言弃的精神，如果销售人员能够以特种兵的精神去销售，一定能像特种兵一样战无不胜。

我在给一家保险公司做培训的时候，一个小伙子告诉我："徐老师，不久前就是靠坚持拿下了一个大客户。"我让他讲一下事情的经过。

小伙子说，这个客户有些顽固，第一次上门，他就表现得非常抗拒，认为把钱花在保险上完全是浪费，甚至认为保险业务员都是骗子。他居然大声训斥小伙子说："年纪轻轻干什么不好，总想着骗人。"然后就把小伙子赶了出去。

小伙子第二次上门时，客户仍然很不耐烦，表示自己说什么也不会相信他的"胡言乱语"，还讲述了自己当年是怎么从一穷二白拼搏到今天的位置，甚至劝小伙子早些"回到正途"。小伙子对他的经历表示钦佩，同时跟他说保险业务员不是骗子，并抓住机会向他灌输了一些关于保险的正确观点。

第三次俩人再见面，这个客户表现得有点儿惊讶，他没想到小伙子这么有韧劲儿。这一次，他们的谈话气氛比前两次轻松多了，虽然他似乎仍然对保险表示怀疑，但已经明显不像之前那么抗拒。临走时小伙子送给他一本关于保险的书和一张光盘，希望他能多了解一些有关保险的知识。

第四次，第五次，每六次……终于，在第八次拜访时，小伙子说服了这个客户，拿到了从业以来最大的一份订单。签单完成之后，这个客户拍着小伙子的肩膀说，在这之前他已经赶跑了10个保险业务员，小伙子是他遇到的最执着、最能坚持的一个。

最后，这个小伙子总结道："其实，我只是习惯告诉自己，做业务脸皮就是要厚一点儿，失败几次不算什么，既然已经被拒绝一次，那么被拒绝第二次、第三次就算不了什么了。可以说，是我的厚脸皮帮了我。"小伙子说完，全场都笑了。

没错，销售人员就需要这种不怕被拒绝的"厚脸皮"精神，只要认定了目标，不管面对多大的困难与挑战，都要全力以赴、百折不屈。我见过很多销售新人，一遇到挫折或被拒绝就开始推卸责任，夸大难度，给自己找放弃的理由，这样的人自然无法成功。

世上没有不劳而获的成功。很多时候，销售人员的失败就是源于缺少“穷追不舍，一旦看准便绝不放弃”的那种坚定。

遇到挫折，永不放弃

蚂蚁在觅食时喜欢沿着固定的路线爬行，排成长队将食物一点点搬进洞内。在这个过程中，如果遇到意外，比如既定路线被破坏，它们总能绕过障碍，开拓出一条新路线，继续坚定不移地搬运食物。再遇到破坏，它们再开拓，总之蚂蚁从来不会放弃搬运食物。

做销售就要拿出蚂蚁觅食的毅力，认准目标就绝不放弃。只要事情有成功的可能，哪怕微乎其微，也要全力以赴去争取。只有努力尝试，才有转变局面、变失败为成功的可能，如果连尝试改变的机会都不给自己，失败就是横着面前难以逾越的沟壑。

磨炼恒心，绝不半途而废

销售是磨炼意志力的过程。被客户拒绝对销售人员来说是家常便饭，因此，以正确的心态面对“闭门羹”是销售人员的必修课。

一个成功的销售人员曾说，在他的销售生涯中，一次交流就达成交易的客户只占他所有销售成功案例的 1/10 左右。大部分订单在拿到手里之前，他都在重复做一件事，那就是为下一次拜访做准备，一次、两次、三次甚至更多次，他说，每次被拒绝，他都感觉自己离成功又近了一步，所以他从来不会因客户一而再、再而三的拒绝而灰心，他把拒绝当成进一步争取成交的动力。

避免挫折心理的产生

挫折心理指的是在实现目标的过程中，由种种干扰和阻碍所引发的消极情绪。在挫折心理的影响下，人们不愿意继续往前，不自觉产生抵触心理。如果不及时调整，挫折心理会导致我们丧失信心和热情，从而产生放弃心理。因此，在销售过程中要时刻注意挫折心理的干扰。

首先，坚定信念，相信自己。在销售过程中要不断提醒自己，我一定可以实现这个目标，无论遭受多少挫折，最后肯定是成功。同时，还要注意为给自己制定一个具体可行的目标，脚踏实地去执行，不能异想天开。

其次，总结经验，反复尝试。每次遭遇失败，都要用心反思失败的原因是什么。总结好经验，进而不断改进和完善自己的计划，为下次拜访做好充足的准备。

最后，改变认识，转变方法。每当遭遇挫折，要学会换个角度思考问题，在沮丧中寻找希望，然后努力寻求解决办法，积极扭转不利局面。

我想告诉每个销售人员的是：任何时候，意志坚定的人都能找准自己的位置，不畏挫折、懂得坚持的人无论做什么都更接近成功。特种兵从不给自己找借口，因此，他们总能出色地完成每项任务。同样，世上没有搞不定的客户，只有不肯努力的销售人员。

第7章

坚持：销售需要不抛弃、不放弃

特种兵在遭遇强敌时不会临阵脱逃，因为他们深知“不抛弃，不放弃”才有可能扭转战局，赢得成功和尊严。面对客户的拒绝、异议、挑剔，销售人员也要用不服输的精神激发斗志，积极调整心态，用强烈的成功欲望为动力，以沉稳的心态与客户弹性周旋，然后不急不躁地扭转局面、拿下订单。

“战势”越不利越应调整心态

当销售失败看上去已成定局时，心理脆弱的销售人员要么提前给自己判了死刑，要么以近乎乞讨的方式渴求客户给予一些怜悯。这两种心态都不可取，不但会丢了客户，还会丢了自己的尊严。

“战势”越不利，销售人员越应调整心态，冷静分析，积极应对。销售活动就像体育竞技，每位选手都渴望夺冠，成为最后的赢家。比赛越临近结束，竞争越激烈，胜败越分明，心情越紧张，比赛到最后一刻，选手拼的已不再是实力，而是心态。比赛中的“黑马”都有一颗强大的心，即使“战势”不利，他们也能调整心态，冲出重围，反败为胜。

销售人员在工作中也会常常遇到不利局面：客户会找各种理由拒绝销售人员推销的产品，竞争对手会用尽手段抢单，同事出于种种原因可能还会背地里使绊。销售人员如果为此沮丧、失落，就正好中了对方的圈套。

李强是公司里的金牌销售员，大家都说他是只打不死的“小强”。面对刁难的客户、野蛮的竞争对手，他总能一笑置之。

有一次，李强接到客户的电话，对方在电话里气急败坏地把他骂了一通：“你们公司生产的是什么垃圾产品，这才用了几天就坏了，看看人家×公司的产品，质量过硬，价格还便宜，我当初怎么会上了你的当。我要退货，×公司的销售员还在这儿等着我订他们的产品呢……”

被客户痛骂了一顿，换成其他销售员恐怕早就招架不住了，可是李强表现得非常淡定，只见他用肩膀夹住话筒，两只手不停地敲击键盘，详细记录客户的投诉。等电话那头的客户发泄完，李强才说：“赵哥，还有吗？我把您的意见都记下来了，实在不好意思，您试用的产品是我们的样品，没想到给您添了这么多麻烦。您还有什么不满意的地方吗？”

客户叹了一口气，说：“哎，李强，我信得过你，但你不能拿垃圾产品忽悠我啊。”

李强赶忙说：“赵哥，您消消气，这事都怪我没办好。”

赵哥也自觉刚才发火实在是太冲动了，说：“其实我也就是一时气不过发泄一下，你们公司的产品总体来说还可以，我也喜欢和你这个人打交道。”

李强见机赶紧说：“赵哥，我也觉得跟您很投缘。那您看，咱们这次是订两个呢，还是先拿一个试试？”

赵哥这下倒挺爽快：“来两个吧，省得麻烦。不过，我可警告你，再出什么问题，下次咱们就别合作了。”

李强笑着说：“赵哥，瞧您说的，保证不会再出现这种情况了，待会儿我就带着产品过去。”

赵哥说：“行。”

特种兵在作战过程中会遇到凶狠的对手，这些对手会给特种兵造成巨大的心理压力。如果被其吓倒，就会自乱阵脚，即使有再高强的本领也发挥不出来，结果只能被对手击倒。对付这类角色最重要的一点就是放平心态，以守为攻，让对方放马过来，等对方体力耗尽、耐力不足时，你再出手，这时候胜算就大多了。

难缠的客户就像凶、狠、冷的敌人，常常让销售人员感到绝望，好像做什么都是错。其实这种情况下大可不必纠结，扮演好观众的角色，提供全面的服务，等客户折腾够了，销售人员的机会也许就来了。

拥有强烈的成功欲望

经常听到一些销售经理抱怨："手下的人既没有远大抱负，也没有短期目标，每个月拿着还算过得去的底薪，没有还贷压力，也没什么追求，小日子过得不温不火，时不时就在朋友圈里秀一秀恩爱、晒一晒萌娃。这种状态既让人抓狂，又让人无奈。"

没有成功欲望的人只能被人领导、替人打工，注定碌碌无为。这样的人只会成为销售大军中的垫脚石。

> 特种兵在入伍第一天就要回答这样一个问题："你为什么要做特种兵?"对于这个简单的问题，大部分人的回答是"喜欢挑战极限"，给出这个答案的新兵一般不会受到教官的重视。如果新兵回答"为了荣誉"，教官才会肯定地点点头，拍拍他的肩膀以示鼓励。
>
> 面对这两种答案，教官为什么会有如此不同的反应?因为多年的经验告诉他：答案中藏着一个新兵的成功欲望。拥有强烈的成功欲望的新兵不会畏惧训练场上的艰难险阻。"喜欢挑战极限"显然不符合这一标准，"为了荣誉"才是特种兵的成功欲望。

销售岗位存在同样的情况，业绩的好坏、订单的成败更大程度上取决于销售人员成功欲望的强度。没有成功欲望，就没有前行的动力。强烈的成功欲望源自一个人对财富的渴望、对家庭的责任、对自我价值的追求，它是催人上进的助推器，直接影响一个人的态度和行为。

有个年轻人很想成为古希腊著名哲学家苏格拉底的学生，于是他风尘仆仆地赶到苏格拉底的住所，请求苏格拉底收他为徒。

苏格拉底带他来到河边，对他说："你有勇气跳进这条河吗?"

年轻人不会游泳，他犹豫了一下，最终还是跳进去了。苏格拉底也跟着跳了进去，抱住年轻人的头使劲往水里按。年轻人在挣扎中连呛了几口水，不过他没有反抗。苏格拉底又猛地骑在年轻人的脖子上，继续把他的头往水里按。年轻人止不住地被呛水，他觉得如果再这样被按在水里，自己会没命的。

于是他拼尽全力，不顾一切地把苏格拉底摔进了水里。爬上岸后，他气呼呼地质问苏格拉底："为什么要这样做，难道你想淹死我吗?"

苏格拉底满意地说："记住你今天的求生欲望，做我的学生需要同样强烈的成功欲望。"

这个小故事的真假不得而知，然而它传达的道理一目了然：强烈的成功欲望能够迸发出强烈的决心和意志。

拥有强烈的成功欲望的销售人员能克服别人眼中不可能逾越的困难，更易在销售行业站稳脚跟，取得业绩。

我认识的销售员中有很多高学历的人，他们各自都有特长，有良好的人际交往能力，但他们的销售业绩并不理想。因为他们把成功欲望视为狼子野心，自视清高地隔离这种想法，并对拥有成功欲望的人有强烈的抵触情绪。而那些其貌不扬、资质一般的人，他们毫不掩饰自己渴求成功的强烈欲望和对大订单、高业绩的追求，他们的业绩反而非常好。

张灿连话都说不利索，一见客户就紧张得说不出话来，可他每天早上7点多就跑到客户那里端茶倒水，帮人家擦桌子，这么干了一个月，竟然搞定了一个大订单。

李烈的手段更高明，上亿元的单子，甲方跟别人把合同都草签了，可在他明修栈道、暗度陈仓的设计下愣是把这单子搅黄了，甲方重新招标，他取而代之。

抛开这些成功故事的传奇色彩，我们仔细观察一下会发现，这些人物身上其实有一个共同特质，那就是他们能够拿到那些看似不可能的单子，正是因为他们都有强烈的成功欲望。在这种欲望的驱使下，不达目的誓不罢休。

拥有强烈的成功欲望的销售人员会不断地提高自己的销售能力，他们高度自律，不会把工作当成任务去完成，也不需要别人监督，成就感是对他们最好的回报。没有成功欲望的销售人员则像来回摆动的钟摆，缺乏激情，得过且过，定时定点上下班，不肯多付出一丝一毫的努力，自然难有成就。

是否拥有强烈的成功欲望使自己疯狂地工作，是销售人员能否在这个行业取得成功的关键。强烈的成功欲望决定你肯付出多少、你有多大的决心。

10年前我离开了特种部队，在强烈的成功欲望的驱使下独自创业。那时候的我一穷二白，没钱没技术，想要有所成就简直是天方夜谭。可我不服输，我相信“天下无难事，只怕有心人”。不懂销售，我就学，买回一堆书，一本一本地看，一个案例一个案例地研究；不懂市场，我就试，一次次失败，一次次爬起，终于摸清了门路；不懂经营，我就问，向成功人士求教，一个个难题最终迎刃而解。但凡我的成功欲望有一点点减弱，我都撑不到今天，熬不到现在。

心态稳健，坚守原则，不受干扰

销售是一场博弈，对弈中客户为了实现成本最小化、利益最大化，会使出各种干扰手段，迫使销售人员乖乖就范。

> “你们产品的质量并不完全符合我们的要求。”
>
> “A 品牌的知名度比你们要高得多，报价却比你们低好几个点。”
>
> “你们的售后服务并不值得信赖。”
>
> “今年的预算就这么多了，明年再说吧。”

客户步步紧逼，似乎每个意见都有道理，每条路都将被封死。

面对这类状况，许多销售人员的心理防线立刻就被攻破了，于是唯唯诺诺、一再退让，价格降到了底线，服务承诺到了最大限度，差点儿就把公司卖了倒贴给客户。

结果怎么样？客户并不领情，拍拍屁股就走人，留下一句：“我回去请示一下领导，明天给你答复。”销售人员的心就这样一直在嗓子眼悬着，终于挨到了“明天”，客户的电话却再也打不通了。

这类销售人员对自己销售的产品没有足够的信心，不了解客户需求，对竞争对手也缺乏了解，在客户的干扰下只会一味地屈就。不讲原则的屈就非但赢取不了客户的信任，还会让对方瞧不起，合作自然难以达成。

从某种程度上来说，客户的干扰信息越强，说明他越想成交。如果客户对你不“感冒”，根本没兴趣跟你说这些。这就好像两个人谈恋爱，时机成熟了才会谈彩礼、论嫁妆，进入备婚程序，双方条件都谈好了，才能“成交”——完婚。客户不断提出异议，逼你降价，实际上就是跟你谈“结婚”条件。这个阶段，你和客户展开的是一场心理战，谁的心态稳健强大，谁能坚持原则、守住底线，谁就能打一场漂亮的翻身仗。

在军事题材的小说或影视剧中，你一定看过这样的情节：特种兵在解救人质的过程中总是不紧不慢，看到这里我们会很着急，心想他怎么还不动手啊，恨不能自己亲自上阵三步两步就把敌人灭了。我们这样想自然也是为人质的安全担忧，无可厚非，不过在那种既特殊又危险的情境中，事情跟我们想象的完全不一样，如果特种兵抱着跟我们一样急躁的心态解救人质，那么结局恐怕就会变成大家同归于尽。

耐着性子往下看就会发现，特种兵们个个心态沉稳、不急不躁，先想各种办法稳住敌人，与之周旋拖延时间，再找到敌人的破绽，一举击溃。

确保人质安全，将伤害控制在最低限度是特种兵的作战原则。在整个解救过程中，特种兵的心态起着至关重要的作用，出现一点儿急躁情绪，都可能对人质的安危构成威胁，破坏作战计划。看到最后的结局很圆满，想必你也会对特种兵心生几分敬意，同时对自己的急躁感到几分惭愧吧。

特种兵解救人质的过程跟销售人员达成交易的过程有些类似。产品缺陷、服务不周、价格过高等不利因素都是客户手中的筹码，他们利用这些干扰销售人员的判断，逼其退让。销售人员的武器是什么？品牌、口碑、物流、性价比等竞争优势都是销售人员手中的棋子，精心布局，进退有度，才能完胜。不要担心战事拉得时间过长，客户永远比你忙。

有些销售人员一看客户没动静了，就急得像热锅上的蚂蚁，还没弄清楚客户究竟为什么态度冷了，就急着做出各种让步，催促客户成交。急于成交的一方更容易陷入被动。销售人员需要修炼一种泰山崩而面不改色的沉稳心态，洞悉客户的行动，绝不贸然行事。

买高不买低，买涨不买跌，销售玩的就是心理学。股价降了，没人买；房价降了，没人买；黄金降了，没人买。等到行情看涨的时候，大家则会挤破头去抢。产品的卖点永远在价值上，而不在于价格。如果你还在无原则地降价以争取客户，说明你的心态还没修炼成熟。

进退有度，有弹性地周旋

经验丰富的销售人员都明白，不提反对意见的客户不见得是好客户，有异议、投诉的客户也不见得是坏客户。嫌货才是买货人，日常交易过程中不可避免地会有客户提出异议，疑问越多、争吵越激烈的客户有时才是真正的优质客户。

异议较多的客户会投入大量的时间和精力与销售人员沟通交流，排查产品、服务、物流等一系列的细节问题和疑点难点，做到事事心中有数。等他们对销售人员完全放心以后，购买也就顺理成章。而且，这样的客户一旦选择成交，就会保有相对稳定的忠诚度，不仅会二次购买、三次购买，而且会成为产品的推介者，推荐周围的人购买。

玻璃心的销售人员是抓不住这种客户的，脆弱的心理会让他们将客户异议视为“难缠”，面对这类客户常常不知所措。结果不是无功而返、提前退出，就是无节制地进攻，引客户厌烦，逼走客户。

大多数成交都是从客户异议开始的，销售人员要用平和的心态面对客户异议。多年的实战经验告诉我，有节制的进退既能让客户感到舒适，从而对销售人员产生好感和信赖感，又能对客户施加适当的压力，使其认真思考销售人员的建议。那么销售人员该如何进退有度、有弹性地跟客户周旋呢？

找出引发异议的真正原因

法兰克·贝格是美国寿险销售大师，他从5 000次客户拜访中总结出一个发现：62%的客户异议并不是拒绝购买的真实原因，其中只有38%的客户会如实告诉销售人员为什么不购买。由此可见，客户提出的大部分异议都是假的，为什么会这样呢？首先，客户是想通过提出异议的方式争取交易主控权，希望牵着销售人员的鼻子走，以便将交易成本降到最低；其次，客户并不认为销售人员提供的东西物有所值；最后，客户自身不想改变，而想通过改变对方来维护自己的舒适度。

不明就里的销售人员面对客户异议，要么被气得火冒三丈，要么跟客户争得面红耳赤，要么因被客户问得哑口无言而垂头丧气，要么会被客户拖得焦虑不安。心态不稳定，判断力就会受到影响。找不到客户提出异议的真实原因，自然找不到消除异议的最佳方案。事实上，在客户的所有异议中，真实理由只占18.7%，信手拈来搪塞销售人员的占据了16.9%，因其他目的而故意拖延的占据了6.8%，而本能的拒绝占据了47.2%，其他理由占据了10.4%。

良好的心态能帮助销售人员准确拿捏进退维度，需要用产品说话的时候就讲产品，需要降价的时候就在价格上做些让步。总之，查出“病因”，才能“对症下药”。

软说服

软说服和硬说服的区别在于，硬说服的说服痕迹明显，即通过逻辑说理来说服客户，这样会对客户造成很大的压力，而且容易激发客户的抵触情绪。“王婆卖瓜，自卖自夸”，销售人员越是竭力证明自己，客户越容易怀疑其动机。如果能把说服转化为放松的交流，不仅可以有效消除客户的抵触情绪，还能使自己的心态更平和稳健，从而通过气场影响客户。

软说服是通过相对间接的方式把自己的优势表达出来，前提是这个优势能够与客户的需求匹配。比如，更温婉的语言、更专业的形象、更精美的名片、更高端的包装，这些不起眼的细节都能增强说服力。

不少销售人员喜欢强调说话的艺术性，即先认同客户的意见，再把客户带到自己的观点上，“但是”是其标志性用语，比如“是的，我们产品的价格有些偏高，但是它的质量是有保证的”。这就是典型的硬说服，这一理论运用初期确实产生了一定的效果，随着这种“但是”出现的次数增多，客户难免会反感，免疫系统会自动屏蔽“但是”以后的信息。也就是说，“但是”后面的话，客户根本没听进去。

软说服不是“是的……但是……”，而是天衣无缝地植入销售人员的观点。同样是关于价格的问题，可以这么说：“李总，您说的都是实情，我也完全理解您的感受，说心里话，我也觉得我们的产品偏贵。李总，听说您现在的座驾换成了奔驰，奔驰的品质真是没的说，舒适又安全，而且上档次、显品位，更能体现您的身份和地位。其实，我们的产品跟奔驰车有着异曲同工之妙，虽然价格偏贵，但品质是一流的。跟我们公司的产品相比，有些公司的同类产品价格上确实有优势，但质量一定不如我们的过硬，多投入一些，既能保证产品质量，又能彰显品位，用起来也放心，您觉得呢？”

显然，以上的说服让人听了更舒服，也更容易接受。

软说服是对客户意识形态的渗透，更强调在细节处着笔，是在客户完全没有防备的情况下进行的软进攻。通过转移话题改变客户的观念，或者通过一些服务、一个故事、一个推理消除客户异议，然后导向成交。软说服更需要销售人员用良好的心态作为支撑。

特色论价

客户异议几乎都会涉及价格问题。再便宜的东西，客户都会给出嫌贵的理由。砍价是很多客户的兴趣与习惯，砍价的幅度越大，他们内心的成就感越大。当然，销售人员不能为了满足客户砍价后的成就感而无底线地降价，但是可以针对客户的这一特点，适度给出一个稍高的报价。

很多销售人员害怕一报价就把客户吓跑，于是直接拿出公司的八折优惠价给客户看。结果客户并不相信这是优惠之后的价格，依然会根据他以前的经验按照至少30%的幅度往下砍。这样一来，销售人员就等于把自己逼得再无退路。

我正确的做法是灵活报价，即根据这个客户的特点给出适当的报价。如果感觉这个客户很会砍价，就把报价抬高一点儿，相反就降低一点儿。在此之前，也可以试探性地询问客户的心理价位，以便为报价做好铺垫。

在灵活论价的过程中，一定要让客户感受到被重视和被尊重，并且是基于此才报出这样一个合理的价格。另外，还可以适时地夸一夸他的谈判能力，以满足对方的心理需求。当价格触碰到底线的时候，态度一定要非常坚决，打消客户不合理的期望。这样做会大大增强与客户周旋的弹性，成功率会提高很多。

正如前文所讲，特种兵在解救人质的过程中要面对对方的“讨价还价”，他们既不会满口答应，也不会断然拒绝，而是进退有度，不强攻、不硬取，见机行事，与对方周旋，最终取得胜利。

有效消除客户的异议，才能体现销售人员的价值。如果你的产品几近完美，客户没有任何异议，都像排队买 iPhone 一样去抢购，那么也到了你失业的时候了。

不急不躁，不自乱阵脚

销售人员努力地给客户讲产品、讲技术、讲服务，刚开始客户还能热情地回应，认真地提问、思考，可越到后面话会越少，精力越不济。到最后，客户的耐心已经所剩无几，自然很难被打动。有些客户或许会坚持到听最后一位销售人员讲解，假装认真地听，然后随意附和两句；有些客户或许会直接说这次就到这里了，下次有时间再说。

吃了闭门羹后，这位销售人员的耐心或许已经消耗殆尽，没成功拿到订单的他气急败坏，抬脚就朝墙壁踹两脚，领带一扯，公文包一摔，真想一怒之下辞职不干了。回想起师傅讲他自己年轻时几分钟搞定一个客户的销售业绩，又羞又恼，再想想自己干销售时间也不短了，却四处碰壁，忍不住捶胸顿足。

师傅们的销售传奇只能被封存在过去那个年代，当年那个野蛮疯长的市场环境中到处都是机会，销售人员只要踏实肯干就能找到客户，一些急功近利的销售人员更是通过非常手段实现了财富的原始积累。如今，买方市场已经形成多年，客户越来越成熟、越来越谨慎、越来越挑剔，师傅们传授的那些"忽悠"很难奏效。这个年代，大家比的是定力，谁能够沉下心来对客户进行深耕细作，谁才有机会取胜。

速战速决的销售模式已成往事，现在的销售打的是心理战，需要销售人员投入更多的耐心，所以不要在被客户挡了几次之后就垂头丧气、牢骚满腹，不急不躁、不自乱阵脚才能守住气场和能量。

我常把销售比作打麻将，越容易急躁的人输得越多，因为心态不好，输了两局就方寸大乱，结果自然输得比谁都惨。心态沉稳、有大格局的人都很淡定，输两局也无妨，大不了换个位置，哼上两句小曲儿，心情一好，手气又来了。

苏轼有句名言："慎重者，始若怯，终必勇；轻发者，始若勇，终必怯。"销售人员一开始坐镇就要有个良好的心态，遇到困难也好，遭受拒绝也罢，一定要沉得住气，多分析原因，才能越战越勇。你越是急着成交，越容易被失败打倒。

在很多情况下，客户的抱怨和对产品的挑剔都不一定是因为不喜欢这一产品，他们大多怀有其他隐性动机，要么是想为自己争取一个更有利的成交条件，要么是想获取更多的额外利益，简单来说就是想多占点儿便宜。只有读懂客户的潜台词才能有的放矢，试想你在射箭之前，心态不稳，自乱阵脚，连靶子在哪儿也没搞清楚，那射出去的箭还能击中靶心吗？

逛街的时候看上了一件衣服，如果想用更合理的价格买下它，该怎么做呢？很多女性朋友在这方面都很有经验。一般来说，即使看到特别中意的衣服，她们也不会急着试穿，而是想办法掩饰喜爱之情，还会刻意在售货员面前挑毛病，然后装作不经意的样子问售货员这件衣服有没有折扣。售货员一定会劝她们先试试再说，试穿之后当然是非常合身，她们心里更满意了，但绝不会在售货员面前显露出来，反而会继续挑毛病，说一些"穿起来显得我有点儿胖呀""我之前买过你家的衣服，没穿多少时间就皱了”之类的话。

客户有购买意向，才会对产品挑剔，其实“鸡蛋里挑骨头”只不过是想杀杀价，或者争取其他一些福利，比如得到赠品或者优惠券。

如果售货员没有想到这一层，听到顾客抱怨衣服的缺点就立即反驳说：“你穿起来很显瘦，一点儿也不显胖。”“我们家的衣服都是高品质的，怎么会皱呢，从来没听别的顾客这样说过。”还有更差的反应：“以前的我不知道，这批衣服是新上市的，品质保证没问题。”

这样的回答无疑漏洞百出，一听就知道销售人员乱了阵脚。以前的衣服有问题，又怎么让顾客相信现在的衣服没问题呢？其实，销售人员并不需要大费周章地处理类似的问题，客户提出这种问题的目的在于砍价，或者获得一些简单的承诺和信心。所以对此销售人员大可一带而过：“这件衣服您放心，肯定不会出问题。”这样的回答既能显现销售人员对商品的肯定和信心，又能消除顾客的疑虑。

遇到类似的问题，如果不知道该怎么办才好，只能说明销售人员的耐心不够。不过不用担心，耐心是可以磨炼的，在日常工作中可以注意以下三点。

顶得住压力

销售好比体育竞技。孙海平指导刘翔时曾说：“想要提升自己的水平，在训练到极限的一刹那，一定要咬牙挺过去，挺过哪怕一秒，你就会上升一大步；如果挺不过去，水平绝不会提高。”这个道理同样适用于销售人员，如果遇到压力就逃避、退缩，难有进步，提升无望。提高自己的抗打击能力是磨炼心智的重要途径。

不要盲目跟风

销售最怕的是盲目跟风，看到别人出去拜访客户，自己就在办公室坐不住了；看见大家都在跟这个大客户，自己也蠢蠢欲动；看见别人出单了，自己就会被挫败感伤得一点儿锐气都没有了。跟在别人后面，永远学不到本领。

打败焦虑

《士兵突击》里老 A 对许三多说："我喜欢你这样的兵，因为你不焦虑，绝大部分人做不到这一点。"焦虑是特种兵最大的心魔和精神杀手，会让人心神涣散，妨碍训练。许三多被称为"中国的阿甘"，焦虑不存在于他们的字典里，他们凭借踏实努力和坚持不懈活出了人生的精彩。

"人要好好活，好好活就是做有意义的事。""不抛弃，不放弃。"这是许三多常挂在嘴边的话，道理很简单，很多士兵却因为焦虑做不到，所以也就离成功越来越远。

承受着业绩压力，销售人员有点儿焦虑在所难免，金牌销售员之所以成功就在于他能够及时化解焦虑。如何化解？我的经验是："如果你遇到了棘手的销售难题，考虑好三个方面：第一，最好的结果；第二，最坏的结果；第三，折中的结果。最好的结果就是客户无条件地马上签单；最坏的结果就是接受客户提出的所有要求，包括以后可能提出的更多的不合理要求；折中的结果是做出一些让步，客户签订合同，预付一部分款项。"

通常情况下，我所说的最好的结果一般不会出现，最坏的结果也没有损失跟客户合作的机会，只是令销售人员较为被动，而折中的结果是最常见的局面。从这个角度思考，能有效化解他们内心的焦虑。焦虑没有了，自然能发挥正常的业务水平。

第8章

进取：淬火成钢，人生需要不断精进

作为销售人员的你，是否总想着偏安一隅？获得一点儿小成绩，是否就满足了？

销售如同逆水行舟，停滞不前就等同于倒退。我们应该不断总结那些成功的经验与失败的教训，完善自身，淬火成钢，从行业基层不断向上发展。人生不应该如同一潭死水，而应该像滚滚江水一般奔涌向前，百折不回，最终汇入大海。

用心总结，提炼优劣，促进提高

经常有销售人员问我：“我和同事同时进入公司，而且都很努力，为什么他成长得那么快，而我却一直原地踏步？”其实这个问题并不难回答，归根结底就是因为别人在工作的同时善于总结成功与失败中的点滴。

“取其精华，去其糟粕”，我们对自己做过的事情进行总结之后，才能清楚自己的优势在哪里——发扬光大，了解自己的劣势有哪些——积极弥补。总结如同一把刮刀，剔除我们身上所有不适于做销售的缺点，最终只留下优势，从而让我们更轻松地实现销售的成功。

特种部队会定期进行演习，他们会组成不同的阵营，运用自己所学的知识荷枪实弹地对决。很多平日里自我感觉良好的特种兵在演习过程中会发现，自己原本的思维方式是错误的，这些习以为常的事物正是自己的弱点，也是敌人进攻自己时的死穴。因此对特种兵来说，演习是一个互补的过程、总结经验的过程，经过演习的历练，他们变得更加优秀。

我有个学员刚参加工作的时候不懂得做总结，导致业绩总是在公司垫底。更令人担忧的是，他并不知道自己业绩差的根源在哪里。有一次店里来了一位客户，指着一件刚刚上市的产品问：“你们这个产品怎么比别处卖得贵？我看其他店里海报上标的价格比你们这里便宜一成。”他和同事都是刚接触这个产品，的确不知道是怎么回事，只能说：“我们这里的产品保证是正品，您在其他店看到的可能是高仿品。”但是客户说：“在我看来一模一样。”就在他俩不知道怎么应对的时候，店长走过来帮他们解了围：“您好，这款产品刚刚上市，从外观上看确实和上一款非常相似，但是在材质、用途、寿命等方面都比上一款有了很大的提升。由于我们店有特殊的进货渠道，所以比其他店上货快了一些。”客户听到这个解释十分满意，痛快地掏钱购买。

对这位学员来说，这只是工作中的一件小事，得到了店长的帮助让他很高兴，但他并没有把这件事放在心上。他的同事却是个有心人，客户走了之后，他详细地把客户的提问和店长的解答记录下来，因为他觉得这些在以后的工作中一定还能用得到。

果然，过了一段时间，这位学员又遇到了类似的情况，可是他已经忘记了店长的处理方法，只能按自己的思路解答，客户自然不满意。这时他的同事站了出来，用店长教给他们的方法向客户讲解，客户很高兴，于是就在他的同事手里买下了商品。

听了这位学员的讲述，我对他说：“你虽然把这件事情记得很清楚，但是为什么不比较一下你们两个当时的做法有哪些不同呢？”学员思索一下，说道：“他说的话总是和之前的不一样，总能比前一次更专业。”我说：“更专业就证明他在不断进步，而进步的关键就在于他能够用心总结之前的经验教训，所以才能促成成交，而你总是对发生在眼前的事情不上心，所以在原地踏步。”我还告诉他，做总结一定要坚持，要总结销售过程中点点滴滴的经验教训才有用。

一段时间之后，这位学员开心地告诉我他有了很大的进步，在新员工中自己和那位同事是做得最好的，他们在工作中互相激励，不断总结优点和不足，变得越来越自信，对销售工作的兴趣也越来越浓。

总结的最好检验方法就是不断实践，因为实践才是检验真理的唯一途径。不断总结，不断实践，不断提升自我。

总结离不开记录，记录其实并不复杂，我们可以在工作之前准备一个小本子，在和客户交流之后，不管成功与否都记录在本子上，就像写日记一样。在工作之余翻开看看，认真总结这次交易为什么成功、上次交易为什么失败。把自己的心得同时记录下来，这样时间长了就能总结出自己的不足，也能发现许多好的销售方法，从而在今后的工作中扬长避短，创造佳绩。

感恩：感谢每一次成交、每一个客户

作为销售人员，你是否经常顶风冒雪、披星戴月？你是否经常风餐露宿、三餐不定？你又是否经常遭人嘲笑、受人冷眼？

我相信每位销售人员都遇到过这种情况。对金牌销售员来说，他们遇到这些困难时都咬紧牙关挺了过来，然后在这个过程中学到了知识、积攒了人脉、挣到了金钱。因此，应该感谢那些给予我们希望、教导我们成长、引导我们走向幸福的客户，是他们信任毫无经验的我们，给了我们历练的机会，才让我们更加自信。

感恩是进取的动力，能让销售人员在漫漫职业道路上不再迷茫、不再孤独。我们在感恩的同时也能感受到周围的光和热，在遭遇艰难之时他人提供的帮助支撑我们渡过难关。“滴水之恩当涌泉相报”，常怀感恩之心，我们才能走向光明的未来。

特种兵在训练中会高喊：“为祖国而战！”在他们眼中，是祖国赋予他们一切，是祖国养育他们、培养成才，是祖国重用他们、让他们实现了自身的价值。特种部队流传着这样一句口号：把最后一颗子弹留给自己。是的，他们宁可在战场上英勇就义，也不会退缩当逃兵。这就是他们感恩的方式，感谢祖国和人民养育了他们。

销售人员也要抱有感恩之心。首先，要感谢那些给予信任的客户，这样让我们的前行充满动力。其次，要感谢每一次被拒绝，正是屡次被拒绝让我们百炼成钢。

有一个男孩家境贫困，父亲因病去世，母亲又生病卧床不起，他不得不以自己瘦弱的肩膀担负起养家糊口的责任。

但是，工厂大多以男孩年纪太小为由拒绝了他。他知道，如果找不到工作，他和妈妈的生活将越来越窘迫，甚至很难生存下去，他决定坚持不懈地找工作，努力想办法养活自己和妈妈。

四处碰壁后，男孩发现自己可以卖报纸，可是老板以同样的理由将他拒之门外。他再三恳求，老板勉强答应以进货价批发给他一些报纸，但是要求男孩先付钱。

男孩无奈去敲邻居的门，希望有人借给自己这笔钱。连遭拒绝后，终于有一个好心的邻居看不下去，借给他一笔钱并对他说："孩子，这些钱你拿去买报纸，剩下的买点儿吃的吧。不用还了。"男孩哭着对邻居表示了感谢，然后去进了些报纸卖。

但是销售并不像他想象的那样简单，一上午过去了，男孩一份报纸也没卖出去，没有人愿意从一个脏兮兮的小孩子手里买报纸。就在男孩急得低头擦眼泪的时候，一位西装笔挺的绅士从他身边走过，他看了一眼男孩，轻轻叹了口气，随手拿出20 块钱放在男孩的报纸上，然后转身走了。

男孩看着他远去的背影，不知道是否该感谢这位可怜自己的好心人，也不知道自己到底是不是在靠努力赚钱，难道所做的一切仅仅是博得了周围人的同情？就在这时，那位男士转过身又走了回来，弯下腰从男孩的手里抽出一份报纸，说道：“对不起，刚刚走得太匆忙竟然忘记拿报纸了。”他伸出手握住男孩的手说，“我和你一样，都是商人，回头见。”男孩听了这句话，忍不住哭了，这次是因为喜悦，终于有人认可了他。在这份鼓励下，男孩坚定地走自己选择的道路，并且不断进取。

多年后，当年的男孩已经成为富甲一方的成功人士。在一次商业俱乐部的聚会上，他见到了之前那位给他勇气的男士。他握住对方的手，激动地说：“您好，尊敬的先生，可能您已经不记得我了，但是您对我的帮助，我始终没有忘记。如果不是您当年鼓励我，我也不会有今天的成就。谢谢您当年的帮助，我会感恩每一位在我人生道路上给予我帮助的人。”

生活中有无数给予我们帮助、让我们看到希望的人，我们要做的就是满怀恩情地努力生活和工作，这样才不会辜负他们，才能让我们踏上崭新的人生之路。

懂得感恩的销售人员可以从点滴做起，例如，送上一杯热茶，加上自己满满的谢意；亲切地询问，带上自己满满的热情；精心挑选，赋予自己满满的真诚；微笑恭送，饱含自己满满的期待。在客户的期望下努力工作，把理想的产品推荐给真正需要它的人，这些都是朴实无华且真诚的感恩方式。

工作是最好的老师

相较其他行业来说，销售人员接触的人更多，说的话也更多，承受着来自社会各界的压力。

很多销售人员选择进入这个行业是因为门槛低、收益高，但这并不意味着每一个进入这个行业的人都能赚得盆满钵满，有些人或许只是小有成就，也有些人或许颗粒无收。因为没有达到自己的预期，或者根本没有任何成绩，这些销售人员难免变得急躁或是消沉，显然这是不理智的。销售是一个积累的过程，销售人员要在了解企业文化、产品作用、客户需求、推销技巧等方面之后进一步促成交易。所以销售人员需要放平心态，在工作中慢慢摸索、学习。

需要注意的是，放平心态并不等于毫无作为，放平心态需要一种“胜不骄，败不馁”的坚韧特性。

加拿大魁北克山谷是一个著名的风景区，山谷呈南北走向。有趣的是，西边山坡上长满了松柏、女贞等树木，东边的山坡上却只有雪松一种。

许多人都曾到过这里，也都发现了这一情况，却一直没有人弄明白到底是什么原因导致出现这种情况。有一次，几个游人来到这里，也惊讶于这种奇特的现象。他们到来的这一天恰好正在下大雪，他们发现，由于风向的原因，东坡的雪总是比西坡的大很多。东坡的雪松积满雪之后，枝杈会非常有弹性地向下弯曲，弯到一定程度后，枝杈会一下把积雪弹开。雪不断地下，雪松就不断地弯曲，然而其他的树并不能这样，积雪一多，就把树枝压断了。

这几个人终于明白，原来承受压力是不能逞强硬撑的，适当地调节才可以继续生存，宁折不弯可能导致失败。雪松的枝杈能够承受这种压力，所以才能在这里生存，而别的树无法承受这种压力，也就很难在这里生存。

销售其实也是如此，销售人员要像雪松的树枝一样，调节好心态就是“抖雪”的过程。

特种兵们在受训时需要承受极大的压力，开展各种常人难以忍受的高强度训练，一处不过关当即淘汰。此外，教官的咆哮、威胁乃至打骂时刻伴随着特种兵。他们只有自己消化掉这些压力，才能笑到最后。

我刚刚进入销售行业的时候，满怀雄心壮志，每天不停地学、不停地看，但是很长时间过去了依旧没有什么业绩。空虚和消极慢慢侵占了我的内心，那时我几乎失去了前进的动力和希望。

就在我有放弃的念头时，我的领导告诉我：“不能一口气用光所有精力，这样当你需要学习的时候哪有精力来弥补呢？保持平常心，不要因为没有业绩而垂头丧气，当然也不要因为做出业绩而沾沾自喜。”

我记住了领导的话，从那时起开始调整心态，细心学习，耐心积累，随后的一段时间，我不管做出怎样的成绩都没有大声欢呼、高调庆祝，而是默默地将这些经验记下来，为以后能走更长的路做好准备。

一定要记住，“平常心”是金牌销售员的标准，它维护的不只是销售人员的心理，还包括前程。

小欢是一家游戏专卖店的销售人员，他非常喜欢玩游戏，而销售又是一个薪酬不低的职业，所以他对这份工作非常上心。

刚开始工作的时候，小欢总是第一个到店里，细心擦拭所有展示机，然后打开电脑，做好顾客到来随时试用的准备。下班之后，小欢又是最后一个走，还会把店里的设备全都整理好。回到家里，小欢还要学习专业知识，看游戏的说明、新上市的游戏及平台等资料。每天把这些工作做完之后都已经是深夜，但是他从来不觉得累，而是把这些当作一种享受：利用自己的爱好赚钱是多么幸福的事情啊。

可是，尽管付出了这么多努力，但小欢的销售业绩并不理想。时间一长，小欢感觉自己体力和精神都已经严重透支，加上业绩不理想，他消沉下来。在接下来的一段日子里，他经常迟到、早退，工作也不再积极主动。

老板不想看他就这么消沉下去，准备开导开导他。有一天，店里来了一位老顾客，小欢没有起身接待，结果一位新来的销售员做成了这单生意。顾客走了之后，老板对小欢说：“你明白自己为什么那么努力却还是没有得到想要的结果吗？”小欢茫然地摇摇头。老板说：“其实你被自己的心态牵绊住了。”小欢不解，老板解释说：“销售人员如果刚开始就把自己的满腔热情全用出来，那么之后的日子里很可能就没有精力去应对更多的挑战。就像你现在的状态，你虽然做足了业务准备，却没有太多和客户交流的经验。总是一个人拼命学习，却不知道工作才是最好的老师。没有这方面经验的你就像一块易碎的木板，任何的压力都可以把你压垮。从今天起，打起精神，学习与客户交流，我相信你一定可以胜任。”

小欢其实也不想就这样消沉下去，老板的一番告诫让他豁然开朗，他决定静下心来，好好思索接下来应该做的事。

做到心态平和对许多销售人员来说并不是一件容易的事，因为当我们满怀憧憬又亢奋地开展工作时总是会忽略可能出现的问题。我曾听过这样一句话：做好最坏的打算，做足最好的准备。这句话就是要销售人员放平心态，这样不管出现哪种情况都在其能够接受的范围内做到“宠辱不惊”。

只有放平了心态，才有更多的时间和精力投身于工作，才能有更多机会创造更大的业绩。

销售只有起点，没有终点

特种兵退伍之后见义勇为的事例屡见不鲜，这些曾在战场上浴血奋战的英雄并没有因脱下军装而忘记责任，他们永远坚持对正义的追求。对特种兵来说，自从踏上这条路，就已经和信念融为一体，这是充满艰辛、永无尽头又无法割舍的伟大旅程。

有些销售人员对事业的执着丝毫不逊于特种兵，例如乔·吉拉德。

乔·吉拉德作为世界汽车销售纪录保持者，在艰苦奋斗了15年之后从销售的岗位退休，但是他的事业并没有因此停止。退休之后，他依旧排满每天的行程：坚持写作，到各地演讲，让所有有志于从事销售工作的人看到成功的希望。乔·吉拉德的精神永远集中在销售事业上，即使取得了巨大的成功，他也从未满足，他希望自己能帮助更多的人，不论是客户还是迷茫的择业者，这就是他的信念——没有终点的信念。

一些销售人员到下班时间便迫不及待地打卡回家，因为他们已经满足于当天的劳动成果。殊不知他们的一些同行每天都工作到很晚才离开工作岗位，在拜访客户时总要多走几家，即使某一天他们做出了非常大的业绩也仍然如此。我曾留心关注过，那些下班就回家的销售人员大多逐渐离开了销售行业，另谋出路，而大多数坚持多付出一点儿的人成了销售行业的佼佼者。

销售人员小于曾给我留下非常深刻的印象。他的听力有问题，需要戴助听设备才能正常交流，因为得病的时候他还很小，所以他的语言能力也较差。当时我对他的选择感到很震惊，毕竟以他这种条件是不适合从事销售工作的，但是他非常坚持，相信自己可以应对挑战。后来，小于终于找到了一份房产经纪人的工作。

为了弥补自身的劣势，小于主动要求管理门店的钥匙，并坚持每天第一个到岗。到岗之后，他总是先勤快地打扫卫生，然后就坐在店里翻看各种楼盘的资料、注意事项等等，下班之后还坚持值班一小时。

小于由于听力问题，和客户交流有些吃力，但是他认真的态度总能改变客户对他的看法。小于将客户的要求都一一记录，回访之前他会把所有解答的问题、需要问的问题全部记录下来以方便和客户交流。不仅如此，小于在工作之外也经常帮助别人，这种做法使他积累了相当多的客户。

万事开头难，对小于来说更是如此，起点比别人低了不少，但他始终在坚持：最冷的时候没人出去发单，他会去；最热的时候没人去摆广告牌，他会去；最难签约的客户没人愿意接，他同样会去。小于吃过的苦，大家都看在眼里，所有人都很佩服这个勇于直面挑战的小伙子，好多同事都希望他早些做成一单大生意。

后来，小于终于做成了一单大生意：有一位客户挣了钱决定投资房产，经由他买了 10 套房子。很多人都觉得这次小于可以轻松一些了，不用再像以前那么拼命。但出乎大家意料的是，他并没有放松自己。

小于依旧坚持之前的习惯，每天早出晚归，认真学习，不断帮助别人。很多人问小于："你刚做成了一笔那么大的生意，难道不打算休息一下吗？"小于非常肯定地说："不！"

在小于的带领下，公司所有的销售人员都更积极乐观，整个公司的氛围很活跃，每个人的业绩自然也得到了不同程度的提升。

小于没有满足于现状，尽管他已经取得不错的成绩。是强烈的信念促使他继续前行，再攀业绩高峰。

"球王"贝利家喻户晓，人们都叹服他出神入化的脚法，有人曾大喊着问他："贝利，你觉得哪个球踢得最棒？"贝利总是回答同一句话："下一个！"当他创下了1 000个进球的纪录时，有人问他："这1 000个球当中，你最满意的是哪个？"他微笑着说："第1 001个。""球王"贝利满载荣誉和金钱却从不自满，坚持在绿茵场上不知疲惫地奔跑，为球迷献上一次次精彩绝伦的破门，创造一个又一个令人叹为观止的瞬间。

销售人员难道不应该学习贝利的精神吗？不论从前做出多少业绩都不要沾沾自喜，要不断树立新的人生目标，这样才有不断前行的动力。因为销售只有起点，没有终点。

跋：找到让你丰收的鱼塘

对钓鱼者来说，他选择的鱼塘里的鱼的多少、大小很大程度上决定了他收获的多寡。选对了鱼塘，才能满载而归。反之，鱼钩上收获的只会是空落落的失望。

同样，作为销售人员，要想早日实现财务自由，你选择的鱼塘以及你在鱼塘的经营上所下的功夫，将决定你的业绩与收入。

赚钱的核心永远是潜在客户，没有潜在客户，就没有交易主体。但逐一寻找潜在客户并不经济，你最好找到潜在客户群，这样营销和赚钱的效率才能最大化。

这些客户群就是一个又一个鱼塘。过去，报纸、杂志、广播和电视都是鱼塘。互联网时代，网站是鱼塘，百度是鱼塘，QQ 群也是鱼塘。进入移动互联网时代，鱼塘就更多了，不仅 App 和百度是鱼塘，你我的手机、朋友圈、公众号都成了鱼塘。

我认为目前最好的鱼塘是微信群，因为微信群不仅容易建立，而且人人都能拥有，重要的是微信群具有强互动和高黏度的特性，非常便于营销。

客户是交易的主体，产品是交易的载体。要赚钱，首先要有客户，其次要有产品，两者缺一不可。怎样才能选择一款必胜的产品，让鱼儿趋之若鹜呢？这是一个需要销售人员深思的问题。

找准了鱼塘，找准了饵料（产品），钓技又成为关键。若钓技不佳，不能有效促成成交，一切都是零。金牌销售员的有效成交立足于贡献价值，着眼于建立信任。

这是一个推销的时代。我们几乎每一天都在推销或被推销，有的人是在推销有形的商品，有的人是在推销无形的服务，有的人是在推销新奇的创意和策划，有的人则是在推销自己……

可以这么说，只要存在竞争，并且需要将产品推向市场，就需要销售。今天的销售人员，小而言之在生产厂商和消费者之间起着重要的沟通作用，为买卖双方做出了很大的贡献，大而言之对整个经济的发展也有着不可磨灭的功绩。销售不仅是备受敬重的工作，而且是当今受欢迎的热门职业之一。每年都有上百万人加入销售大军，每年都有不少金牌销售员晋升为高层管理者。在美国相关机构就曾经以“你倾向于选择从事什么职业的人为伴侣”为题征询适婚女性的意见，结果荣登榜首的就是销售员，可见销售工作令人倾慕的程度。

当然，成为金牌销售员并非易事。从潜在客户的挖掘到产品的遴选，再到销售技巧，每个环节都要把控到极致。而做到的唯一秘诀就是：训练、再训练、不断地训练。

读者朋友们，若有任何疑问、难题与困惑，都可以通过微信与我直接沟通。

愿你在销售的道路上梦想成真。

徐鹏举